AINDA DÁ!

1ª reimpressão

MARIO SERGIO CORTELLA
PAULO JEBAILI

AINDA DÁ!
A FORÇA DA PERSISTÊNCIA

Planeta

Copyright © Mario Sergio Cortella, 2020
Copyright © Paulo Jebaili, 2020
Copyright © Editora Planeta do Brasil, 2020
Todos os direitos reservados.

Preparação: Carmen T. S. Costa
Revisão: Vivian Miwa Matsushita e Renata Mello
Diagramação: Vivian Oliveira
Capa: Filipa Pinto / Foresti Design

DADOS INTERNACIONAIS DE CATALOGAÇÃO NA PUBLICAÇÃO (CIP)
ANGÉLICA ILACQUA CRB-8/7057

Cortella, Mario Sergio
    Ainda dá!: a força da persistência / Mario Sergio Cortella, Paulo Jebaili. -- São Paulo: Planeta do Brasil, 2019.
    144 p.

ISBN: 978-85-422-1860-2

1. Sucesso 2. Persistência 3. Autorrealização 4. Filosofia I. Título II. Jebaili, Paulo.

19-2837   CDD 152.4

ÍNDICES PARA CATÁLOGO SISTEMÁTICO:
1. Técnicas de autoajuda: Persistência

2021
Todos os direitos desta edição reservados à
EDITORA PLANETA DO BRASIL LTDA.
Rua Bela Cintra, 986, 4º andar – Consolação
São Paulo – SP – 01415-002
www.planetadelivros.com.br
faleconosco@editoraplaneta.com.br

SUMÁRIO

LIVRO TAMBÉM TEM MAKING OF 7

AINDA DÁ: O ESFORÇO DE IR ALÉM, SABENDO
QUE SÓ QUERER NÃO BASTA... 15

ENTUSIASMO REQUER TALENTO E
A FORÇA QUE VEM DE DENTRO! 25

AINDA DÁ? DESDE QUE FACTÍVEL 35

"AINDA DÁ" DÁ TRABALHO: A VIDA É MAIS
DURA PARA QUEM É MOLE! 47

"AINDA DÁ" x "AH, NÃO DÁ":
O PODER DO PROPÓSITO 57

PERSISTÊNCIA NÃO É TEIMOSIA E
PACIÊNCIA NÃO É LERDEZA! 67

O POSSÍVEL MELHOR, A EXCELÊNCIA
E O PERFECCIONISMO 77

O MELHOR DO PIOR: SUCESSOS E FRACASSOS
SÃO RELATIVOS! 89

AINDA DÁ TEMPO? NEM OITO E NEM OITENTA... 99

COMEÇOS E RECOMEÇOS: CONSISTÊNCIA,
PERSISTÊNCIA, RESISTÊNCIA...109

ATÉ ONDE DÁ? TEMPO, VIDA
E FINITUDES..121

DEU CERTO! E AGORA?
NÃO DEU CERTO! E AGORA?..131

Livro também tem making of

Não sou atleta, sou jornalista, mas o título deste livro teve origem nas quadras de tênis. A expressão "ainda dá" era proferida por Francisco Cotrim Miranda, profissional de TI, com quem comecei a jogar por volta de 2005. Ele é treze anos mais velho (ou mais idoso, como costuma ressalvar o Professor Cortella) do que eu. E, desde a primeira partida, sempre fiquei impressionado com a disposição com que o Fran (como é conhecido) chegava nas bolas. Alguns pontos que eu presumia finalizados só seriam de fato consumados dois ou três lances depois. Aos 52 anos, Francisco chegava em todas, até nas bolas mais improváveis.

Quando ele me vencia, soltava o "ainda dá". Nunca interpretei essa fala como a de alguém que tripudia o adversário. Sempre ouvi esse bordão como uma forma de o Fran celebrar superações: "ainda dá para estender os limites do corpo", "ainda dá para encarar um adversário mais novo", "ainda dá para sair da quadra feliz", "ainda dá para ter satisfação nisto que me proponho a fazer".

Nos jogos sob o sol intenso do verão, eu mesmo falava "ainda dá", ao deixar a quadra, pelo simples fato de continuar vivo. Era disso que se tratava: "ainda dá" é uma forma de celebrar a vida.

No final de 2011, aos 57 anos, o Fran passou por uma cirurgia no joelho. Será que ainda daria para jogar no mesmo pique? Ele voltou ainda melhor! Certa feita, em um torneio, o Fran enfrentou um adversário e venceu bem o primeiro *set*. Antes do segundo, o rival soltou o seguinte comentário para justificar o mau desempenho: "Sabe como é, né? Eu já estou com 48 anos". Detalhe: o Fran estava prestes a completar 60.

Nessa passagem reside um ponto-chave na concepção deste livro: "ainda dá" é um modelo mental, que se reflete numa atitude diante da vida. Enquanto um se conforma e "entrega os pontos", o outro acredita que ainda dá.

Outra inspiração surgiu em uma entrevista com a filósofa Dulce Critelli. Cheguei a ela por sugestão do Professor Cortella. Ele havia comentado que a colega Dulce desenvolvia um trabalho para executivos em vias de se aposentar, usando uma abordagem filosófica. Durante a entrevista, perguntei se havia alguma queixa recorrente desses profissionais que passam a vida imersos no mundo corporativo. Dulce foi categórica: "Todo homem chega a uma determinada altura da vida com uma dívida impagável consigo mesmo".

Aquela resposta, confesso, me atravessou: quantos sonhos e desejos arquivamos em algum canto da nossa existência para atendermos demandas do dia a dia? A frase me rondou até o momento em que resolvi voltar a estudar música. Aos 47 anos, decidi ao menos amortizar uma dívida que na juventude julguei não ter como pagar pela falta de talento. E um aspecto positivo de ficar mais velho (ops, mais idoso) é poder reavaliar certezas. A sentença de "falta de talento", emitida mais novo, na realidade, era uma deficiência em um dos fundamentos que a música exige. Percebi que havia me imposto uma crença limitante. Agora, já em idade bem adulta, precisei de esforço para corrigir essa deficiência e de muita humildade para executar os exercícios que são o bê-á-bá da linguagem musical (muitas vezes feitos com dificuldade). Mas é disso que se trata. Não há mágica. Qualquer aperfeiçoamento requer dedicação. Errar e fazer de novo. A decisão mais importante, porém, eu já havia tomado. Não deixar a dívida comigo mesmo se acumular. Achei que ainda dava...

Outro episódio que ajudou na concepção deste livro foi um encontro com o ex-jogador Zé Roberto na entrega da Bola de Prata da revista *Placar*, em 2012, que está descrito mais detalhadamente em um capítulo. O jogador encarnava o espírito do "ainda dá", tanto que mais adiante continuou nos gramados por mais cinco anos, acrescentando feitos marcantes em sua carreira, encerrada aos 43 anos.

Essa conjunção de eventos cristalizou a ideia de que o tempo, como recurso finito, nos exige aproveitá-lo da melhor maneira. Afinal, a cada segundo, ele fica mais escasso. Portanto, já que se vai investir esse tempo para fazer algo, que seja algo bem-feito. Para valer o empenho. Fazer é fazer bem-feito. Não cabe fazer por fazer. Isso seria cair na armadilha da mediocridade, como sempre alertou o Professor Cortella.

Ficou claro que buscar a excelência é uma atitude. Ainda dá para fazer melhor. Todos os avanços que experimentamos partem dessa premissa.

Essas ideias foram se encaixando, ao mesmo tempo que percebia conexões com outras trabalhadas pelo Professor (o chamo assim, pois é a pessoa com quem mais aprendi lições valiosas para a minha vida). Resolvi discorrer sobre esses aspectos com o Professor, talvez houvesse potencial para um novo livro dele. Ao chegar para uma atividade no escritório da MS Cortella, enquanto ele terminava de conceder uma entrevista, fui à sala da Fernanda Lopes, da equipe do Professor. Comentei sobre a ideia do "ainda dá" e ela foi puxando várias histórias correlacionadas. Falamos de avanços das ciências, de inventores, de escritores... as sinapses estavam bombando! Entre as citações, Fernanda contou uma história familiar com sabor de "ainda dá". A mãe dela, aos 48 anos, pensou em dar uma guinada na vida e fazer faculdade de estética, mas ficava insegura quando pensava nos quatro anos que precisaria dedicar aos estudos. Ao questionar a viabilidade do projeto com o irmão, o tio da Fernanda argumentou: "Os quatro anos passarão de qualquer modo. A diferença é que, ao final desse tempo, você poderá ou não estar formada. Tudo depende de sua escolha de agora".

A Fernanda foi a primeira pessoa com quem eu compartilhava a ideia e aquela vibração me deixara mais animado. E assim fui para a sala do Professor. Ao expor as linhas gerais do que poderia originar uma nova obra, percebi receptividade nos silêncios dele. Mas só me saberia bem-sucedido se ele aprovasse a ideia. Foi melhor que isso: "Dá um livro, sim. E esse nós vamos escrever juntos".

Trabalho com o Professor Cortella desde 2007, na condição de editor para autor. E essa experiência tem sido bem gratificante, pois é repleta de aprendizados. Um deles mostra que sonho é diferente de delírio. Então, pegando carona no exemplo que ele costuma dar, digo que, nas minhas condições atuais, não posso sonhar em ser jogador de futebol. Isso seria delírio. Mesmo assim, ao ouvir "esse nós vamos escrever juntos", creio que compreendi o que sente um convocado para a seleção brasileira.

Então, vamos nessa. Afinal de contas, ainda dá!

Paulo Jebaili

CAPÍTULO 1

Ainda dá: o esforço de ir além, sabendo que só querer não basta...

"Realizando coisas justas, tornamo-nos justos; realizando coisas moderadas, tornamo-nos moderados; fazendo coisas corajosas, tornamo-nos corajosos."
(Aristóteles, *Ética a Nicômaco*)

"*Ganbatte! Ganbatte!*" Com essa expressão, os espectadores da Maratona de Fukuoka, no Japão, procuravam estimular a corredora Rei Iida a completar seu trecho na prova de revezamento. Era a edição de 2018 da prova, Rei Iida engatinhava na tentativa de entregar o bastão à companheira de equipe. Ela havia fraturado a perna quando faltavam pouco mais de 200 metros para concluir o seu trajeto. Sem conseguir ficar de pé, decidiu continuar apoiando-se nos joelhos e nas mãos. No asfalto, manchas de sangue dos joelhos ralados marcavam a trilha da atleta japonesa até o ponto de passagem.

No idioma japonês, *ganbatte* (com a variação *ganbare*) vem do verbo *ganbaru*, que significa fazer o seu melhor esforço, se esmerar no que está executando, suportar a dificuldade. Carrega também um desejo de "boa sorte", de "bons ventos o levem". Em primeira pessoa, pode ter a forma reflexiva *ganbarimasu*, expressão equivalente a "farei o meu melhor".

Fosse pelo compromisso consigo mesma ou pelo desejo de honrar todo o seu esforço da preparação, fosse para não carregar a dor da desistência ou pelo comprometimento com uma causa que envolvia outras integrantes da equipe, Rei Iida fez o seu melhor na circunstância em que se encontrava. Considerou que ainda dava para percorrer um trecho de maratona mesmo sem a condição básica de usar o pé.

Emblemático, esse episódio traz a percepção do "ainda dá" como uma atitude diante das dificuldades. Os incentivos da torcida podem ter contribuído para Rei Iida ter concluído seu trajeto, mas a missão foi cumprida sobretudo pela força interna da atleta japonesa.

O "ainda dá" é aquele esforço a mais para alcançar uma condição melhor, para produzir um resultado mais satisfatório. É o jogador que vai na bola que parece perdida. É o escritor que busca a palavra precisa para tornar a ideia mais inteligível. É o ator ou a atriz que testa as inflexões possíveis até achar aquela que deixe sua personagem mais crível. É o cientista que não desiste após os primeiros experimentos falharem.

A sensação de "dei o melhor de mim" é uma das mais vitalizantes da experiência humana. Especialmente pela paz de espírito que proporciona. Se atinjo a minha meta, me sinto recompensado pelo esforço feito. Se não obtenho o resultado esperado, ao menos tenho consciência de que não foi por falta de empenho. Pode ser que circunstâncias tenham interferido, ou pode ser que eu não estivesse devidamente preparado – o que aperfeiçoa a reflexão sobre as minhas condições atuais e, portanto, é algo positivo. O exercício de analisar virtudes e limitações é um caminho para o autoconhecimento. E, ao buscar equacionar esses pontos fortes e fracos, abre-se um caminho para o autodesenvolvimento.

Se eu não tivesse dado aquele passo a mais, provavelmente eu perderia aquela oportunidade. Se a aproveitei e consegui meu intento, ótimo. Se identifiquei a oportunidade, mas os resultados não saíram como o esperado, pelo menos eu tentei. Fiz a escolha e dei o meu máximo na minha circunstância. Não deu? Posso analisar as variáveis e tomar como aprendizado para a próxima tentativa. De todo modo, é melhor do que não ter tentado e ficar na nostalgia do "ah, se eu tivesse feito...". Ou do que carregar a sensação de que o medo do fracasso falou mais alto que o desejo de sucesso.

Afinal, a consciência da covardia de si mesmo é muito incômoda, muito dolorida. Quando você, intimamente, se sabe covarde, convive com uma perturbação. Há decisões que podem gerar frustração, mas o peso é menor do que o arrependimento de ter desistido antes mesmo de tentar.

É evidente que, em qualquer tomada de decisão, deve-se considerar a possibilidade de um passo que não seja bem-sucedido ou de um resultado que fique aquém da expectativa. Ainda assim, não dar o passo é a impossibilidade de prová-lo. Toda experimentação carrega alguma dose de perigo. Não é casual que as palavras "perigo", "experimentar" e "perícia" tenham origem no antigo verbo latino *periri*.

Ficar no meio do caminho é sempre desperdiçar uma possibilidade, o que leva àquela sensação da vida que acontece no futuro do pretérito, o território imaginário daquilo que não se concretizou: "eu poderia ter feito", "eu deveria ter tentado", "eu precisaria ter insistido", "eu conseguiria, se...", "eu chegaria, caso...".

Cada pessoa tem um limiar para lidar com o risco. Algumas não trocam o certo pelo duvidoso, mesmo que o certo não seja bom nem gratificante. De fato, ficar onde se está é sempre mais cômodo, mas comodidade nem sempre é indicativo de uma vida melhor.

O poeta paulistano Paulo Bomfim, no livro *O colecionador de minutos* (Gente, 2006), escreve que "não devemos nunca nos acostumar com a vida, isso seria a morte". Ele emprega o verbo "acostumar" no sentido de acomodar. Portanto, não se acostumar significa recusar a ideia de que as coisas são como são e não poderiam ser de outro modo.

Quando a expressão "ainda dá" vem à tona, ela está muito ligada à ideia de competição. E não exclusivamente no âmbito esportivo. Eu posso estar, de fato, numa competição com o outro, mas também competindo comigo mesmo, lutando contra uma doença, contra a morte, lutando contra as crenças limitantes ou contra uma vida morna.

Porém, e isto é por demais importante, em nenhum momento a ideia de "ainda dá" tem a intenção de dizer "se quiser, você alcança", "se desejar profundo, você realiza". Definitivamente, não é esse o espírito desta obra!

"Ainda dá" é um mote para dar ânimo, alude a um estado de alma que me incline, me deixe mais propenso a procurar o meu objetivo. Não basta, contudo, eu me fiar no sonho, no desejo. Eu preciso avaliar cuidadosamente quais as condições de que disponho, em termos de estrutura, de competências, de cenário e de planejamento, entre outros fatores.

O desejo é um bom ponto de partida, mas dizer "acredite no seu sonho que ainda dá" é levar para uma instância quase mística algo que precisa ser construído em bases concretas.

Não se trata de desqualificar o desejo, isso seria tolo, pois ele cumpre um papel importante. Mas esse papel não é decisivo, muito menos exclusivo, para colocar um projeto em andamento. O querer faz com que eu inicie a caminhada, mas de maneira alguma garante que a trajetória será bem-sucedida.

Quais são os limites da força de vontade? A própria realidade. Não apenas no que se refere aos meus atributos, mas aos fatores que descrevem a minha circunstância, aquilo que está à minha volta.

A antiga frase "o impossível não é um fato, apenas uma opinião" não quer dizer que qualquer coisa que se busque será alcançada apenas porque é desejada de modo intenso. O impacto dessa frase está na ideia de que os limites podem ser questionados. Em um certo sentido, é também um manifesto contra os derrotistas de plantão. Aqueles que, antes de qualquer tentativa ou de qualquer análise mais acurada, se apressam em dizer que não vai dar certo, que é impossível, que não há condições, que não vale a pena... que não dá.

Cabe reparar que muitas das coisas presentes no nosso cotidiano, em algum momento, foram tomadas como impossíveis. Ir de um continente ao outro cruzando os céus foi algo impossível num dado momento da história humana. Comunicar-se com alguém do outro lado do mundo teclando frases numa tela foi inexequível durante séculos.

O italiano Leonardo da Vinci (1452-1519), um dos grandes exemplos da inventividade humana, tem entre seus projetos um objeto voador, que alguns supõem ser um protótipo do helicóptero. A genialidade de Da Vinci antecipou a possibilidade, mas não a concretização. Porque ele não teria como fazer aquele equipamento voar. Não por uma limitação dele, mas porque as condições não o permitiam. Não havia estudos avançados nessa área, nem material, tampouco mecanismos de propulsão. Apesar de ser um polímata – alguém dotado de várias habilidades em diversas áreas (era engenheiro, botânico, matemático, pintor, escultor...) –, Da Vinci tinha o seu limite, estabelecido pelas circunstâncias.

A imaginação é matéria-prima para toda e qualquer invenção. Tudo o que existe no mundo existiu antes na imaginação de alguém. Projetar uma realidade, portanto, faz parte do desenvolvimento humano. E isso serve também para eu projetar uma carreira, uma obra, uma formação em determinada área do conhecimento. Tão importante quanto desejar e vislumbrar é reunir as condições de tornar realidade aquilo que projeto.

Isso exige capacidade de autoconhecimento. Eu preciso ter noção do que sou capaz, sobretudo para buscar informação, força, competência nos pontos em que ainda não estou capacitado para executar a ação que planejo. Eu preciso reforçar as minhas capacidades e agregar aquelas que não tenho. E o uso do termo "agregar" refere-se também à possibilidade de compor com a capacidade do outro. Dificilmente terei todos os atributos necessários ou os executarei no mesmo patamar de eficiência. O mais comum é ter alguns pontos fortes e outros em que, mesmo que os tenha aperfeiçoado, sempre haverá alguém mais desenvolto. Isso é um fenômeno que se vê cada vez com mais frequência.

No mundo das ciências, por exemplo, dificilmente um prêmio Nobel tem sido dado a um único indivíduo. Notadamente nas últimas décadas, são duplas, trios ou mais os vencedores da honraria, mesmo que não tenham pesquisado juntos, como equipe. A figura do cientista solitário trancado no laboratório está mais para o século XVIII do que para os tempos atuais, em que o conhecimento está cada vez mais inter-relacionado e os saberes são multidisciplinares.

No mundo do trabalho, é corriqueiro profissionais formarem parcerias, cada qual com o talento que o diferencia, para criar projetos. Acadêmicos de áreas diversas formam redes colaborativas para troca de conhecimentos. Empresas se unem, cada qual com a sua expertise, para viabilizar a entrada de um novo produto no mercado, ou para desenvolverem uma tecnologia ou um modelo de negócio inovador.

Atualmente, para dar um passo em direção ao inédito, é preciso juntar saberes e competências que uma só pessoa não tem condições de deter.

Eu, como indivíduo, porém, preciso ter consciência de quais são os meus pontos fortes e quais são as minhas vulnerabilidades antes de me lançar em qualquer empreitada. Talvez não dê novamente. E faz parte do processo de autoconhecimento entender até que ponto devo avançar, retomando o vigor de uma das sentenças do escritor latino Publilio Siro (85-43 a.C.): "Em toda iniciativa, pensa bem aonde queres chegar".

Se eu me conheço, e algo não sai como o imaginado, em vez de uma frustração, tenho um aprendizado. Eu posso tentar de novo, porque, ciente das condições que se tornaram obstáculos ao meu progresso, posso enfrentá-las com maior nitidez no próximo passo.

CAPÍTULO 2

Entusiasmo requer talento e a força que vem de dentro!

"Não basta saber, é preciso também aplicar; não basta querer, é preciso também fazer."
(Goethe, *Máximas e reflexões*)

Entusiasmo é uma força mobilizadora, mas não a única na qual devemos nos basear. O impulso inicial é importante por nos tirar da inércia, mas uma caminhada não se restringe aos primeiros passos. Muitas empreitadas tornam-se malsucedidas em decorrência de avaliações equivocadas, que podem superdimensionar os pontos fortes ou minimizar ou desconsiderar os pontos fracos – ou ainda não analisar de forma abrangente os dados de realidade.

Todos os avanços, todas as conquistas, todos os grandes feitos da história da humanidade nascem da esperança de alcançar uma condição melhor do que aquela em que se está. Ter entusiasmo para buscar esse patamar superior é outro fator importante. A coragem para buscar o que se ambiciona está no cerne de todas as mudanças. Esperança, entusiasmo, coragem, todos esses elementos, no entanto, não podem ser alimentados por uma mera disposição eufórica.

Nos filmes antigos sobre o Império Romano, havia as cenas de combate em alto-mar. Nas galés ficavam os remadores e havia um tripulante que, ao bater em um tambor, ditava o ritmo das remadas. Na hora da batalha, à medida que ele batia mais rápido, os remadores tinham de fazer mais força. Mas para que a embarcação ganhasse a velocidade desejada, era preciso que realmente houvesse força. Se os remadores fossem fracos, de nada adiantaria o ritmista bater mais forte. Apenas faria mais barulho, sem gerar a energia necessária. Quais são as forças de que eu realmente disponho? Essa é uma questão decisiva.

O escritor gaúcho Apparício Torelly, excepcional frasista que ficou conhecido como Barão de Itararé (1895-1971), dizia: "Tem gente que é como tambor, faz muito barulho, mas é vazio por dentro". Essa máxima nos ajuda a refletir que força de vontade não é garantia da energia.

"Ah, mas eu quero muito! Tenho paixão por essa atividade." Ótimo, então, prepare-se. Fazer o que se gosta é importante. Há pessoas que abrem mão de fazer o que gostam por motivos variados: por recompensa financeira, por estabilidade, para agradar familiares, por status social, por conveniências, entre outros.

No dia a dia, é possível ver com nitidez a diferença na entrega entre quem faz o que gosta e quem faz porque tem de fazer. Pessoas entusiasmadas são mais propensas a superar as adversidades, os contratempos, as tarefas chatas (presentes em todas as atividades) do que aquelas que cumprem burocraticamente suas funções. Pessoas entusiasmadas têm mais disposição para encontrar soluções, e os problemas tendem a ter o tamanho que realmente têm, não se apresentam como um fardo ou um obstáculo intransponível.

Aqui cabe mais uma ressalva: ter paixão por algo eleva a disposição em fazê-lo, mas não significa que se tenha talento para fazê-lo em nível satisfatório. Há pessoas que adoram cantar, mas têm dificuldade de afinação. Há pessoas que amam gastronomia, mas não têm "a mão" para temperar a comida.

A esperança, mesmo ativa (aquela em que se vai buscar, não a esperança da espera), não pode ser marcada pela ilusão. Diziam os gregos antigos: "Sapateiro, não passes das sandálias". Como se alertassem: "Não tente ir além daquilo que você consegue". Uma variação do famoso "não dê o passo maior do que as pernas". Existem casos em que a pessoa realmente não tem aptidão para aquela atividade. Pode ser que, desde a infância, ela só tenha ouvido que tudo o que fazia era ótimo. Alimentou uma ilusão sobre si mesma e insiste em uma atividade que não desempenha bem, às vezes até gerando vergonha alheia. Mas outra interpretação possível da frase dos gregos é que o limite talvez seja temporário. Pode ser que o meu máximo, neste momento, sejam as sandálias. Mas, se eu me preparar, posso atingir um grau mais elevado, a ponto de fazer calçados mais sofisticados, com mais qualidade.

Essa relação entre desejos e limites é das mais desafiadoras para se lidar. Querer é poder? Nem sempre. Há uma frase que circula muito no mundo corporativo sobre alguém que "não sabendo que era impossível, foi lá e fez". Ela faz alusão a um indivíduo que não se deixou levar por crenças limitantes. Estava com a mente aberta, encontrou as soluções e conseguiu realizar o seu propósito.

É inegável que as crenças limitantes têm peso em nossas decisões. Por vezes, somos desestimulados a tentar um caminho porque nos disseram ser impossível percorrê-lo. Por vezes, nós mesmos nos impomos obstáculos. Decretamos que não temos competência para algo, mesmo sem termos feito tentativas suficientes para chegar a esse veredito. Ou nos acomodamos em um patamar intermediário de realização só porque saímos de uma condição desfavorável. "A considerar de onde parti, aqui está bom demais."

É importante avaliar até que ponto nos curvamos perante as crenças limitantes. Assim como refletir sobre o nosso real potencial para alcançarmos um objetivo. Existe outra frase que faz paródia com a anterior, que é: "Não sabendo que era impossível, foi lá e soube". Ela também faz sentido, porque a realidade, às vezes, conjuga forças que se sobrepõem à nossa vontade.

O autoconhecimento é importante para não alimentarmos o autoengano, nem em relação às nossas competências, para não termos um choque de realidade, nem em relação às nossas vulnerabilidades, para não nos boicotarmos e ficarmos aquém de onde podemos chegar. O autoconhecimento nítido favorece a potência da motivação e, especialmente, prepara melhor a acolhida do estímulo.

Como já abordado no livro *A sorte segue a coragem* (Planeta, 2018), eu, Cortella, aponto a diferença entre estimular e motivar. Não há muita precisão quando se fala em "motivar outra pessoa". Porque motivação é uma força que parte do interior de cada indivíduo. Mas é plenamente possível estimular outra pessoa. Às vezes, um incentivo externo desperta a motivação da pessoa. Motivação e estímulos são forças mobilizadoras, mas com matrizes diferentes.

Ao retomar essa noção para o mote do "ainda dá", é possível dizer que existe o "ainda dá" externo, estimulado, e o "ainda dá" interno, motivado.

Esse "ainda dá" de dentro se origina quando sei qual é o meu propósito, qual é a minha intenção, o que eu valorizo em mim na minha ação, qual é o meu desejo em relação àquilo que faço.

O "ainda dá" de fora é quando alguém me estimula a despender um esforço a mais, a dar um passo adiante, com incentivos como "siga em frente", "busque o resultado", "não desista", "não pare", "continue nesse caminho".

Apesar de ambos terem a intenção de gerar energia, o "ainda dá" só terá eficácia se encontrar uma motivação que é da pessoa, uma força de propulsão interna. Há ocasiões em que, mesmo que você procure estimular alguém, ele não tem mais a energia para seguir naquela empreitada. Para essa pessoa, é possível dizer "ainda dá", como um incentivo para ela se mover. No entanto, se ela própria não acreditar no propósito daquele esforço, dificilmente modificará a situação. Se não encontrar mais motivação dentro de si, se concluir que chegou ao seu limite naquela busca, a opção mais provável será pela desistência. Em determinadas situações, os desgastes parecem maiores do que a perspectiva de um triunfo, que raramente é garantido.

É possível notar esse comportamento até em outras espécies animais. Em alguns documentários, aparecem leoas correndo atrás de uma presa e, num determinado momento, uma delas desiste. Parece estranho ver uma leoa correndo com tamanha velocidade repentinamente parar. Talvez ela saiba, de maneira instintiva, que chegou ao limite. Teria até condições de alcançar a presa, mas ficaria tão esgotada que ela mesma poderia virar alvo de outro predador.

Os alpinistas, especialmente na escalada de grandes montanhas, ficam atentos a essa condição. Em montes como o K2, por exemplo, parte considerável dos acidentes acontece na descida. O desgaste para atingir o cume da montanha de 8.611 metros, no Himalaia, por vezes deixa o corpo tão debilitado, que a maioria das mortes ocorre no caminho de volta.

Nessa perspectiva, cabe retomar a ideia de Miguel de Cervantes (1547-1616) de que "quem se retira não foge". O escritor espanhol nos alerta que nem sempre recuar é desistir. Porque, em algumas situações, o estímulo do "ainda dá" pode não ser positivo.

Quando o "ainda dá" vem de dentro, a pessoa motivada pode até parar num determinado momento. Mas certamente ela já terá um próximo passo em vista ou um desafio de outra natureza no horizonte.

Uma pessoa só deve desistir de um projeto quando percebe que não reúne motivação suficiente para prosseguir naquela direção. Na vida, não há um único caminho. A vida é plural. Afinal de contas, a realidade que nos cerca também muda – e, muitas vezes, muda rápido. Insistir nem sempre é sinal de coerência, pode ser apenas um condicionamento criado por um modelo mental rígido.

Uma mudança de rota pode, ainda, resultar de uma reflexão mais apurada sobre aquilo que se tem como meta. Em muitas ocasiões na vida, vale dar uma parada e questionar: "Será que é isso mesmo que eu desejo?". Às vezes, o que parece um chamado interno é uma propensão que tem fundamento, mas não nos mobiliza suficientemente para continuarmos naquele caminho. O que, no começo, foi visto como objetivo pode significar apenas passagem. Podemos vislumbrar algum desdobramento mais interessante a partir daquele ponto.

Por exemplo, eu, Cortella, fiz vestibular para Filosofia e a minha intenção à época era seguir a carreira religiosa. Prestes a completar 18 anos de idade, entrei para a Ordem Carmelitana Descalça, e fiquei três anos nessa atividade. Mas, ao frequentar o dia a dia da universidade, mudei a meta para a atividade docente, que se mostrou muito mais afeita ao meu propósito de vida.

Eu, Jebaili, também mudei meu plano inicial. Prestei meu primeiro vestibular para Odontologia. A engenhosidade do corpo humano e a intenção de proporcionar bem-estar às pessoas me fascinavam, mas não a ponto de me manter anos a fio ao lado de uma cadeira de dentista. Tive essa clareza entre a primeira e a segunda fase do exame. Estava no meio de um processo de seleção, mas desistir daquela opção teve caráter libertador. Para uns, a leitura poderia ter sido "chegou na metade do caminho e agora vai perder um ano até outro vestibular?". Não perdi um ano, redesenhei o meu futuro. Aquele período serviu para eu me certificar de que Comunicação era o que me motivava como possibilidade de carreira.

A alteração de rumo na vida é algo que está na nossa condição. Alterar um plano inicial pode ser um sinal de habilidade estratégica. Alguém que percebe que um caminho não renderá aquilo que se deseja, precisa ser capaz de traçar outro itinerário.

Insistir numa direção apenas porque recomeçar dá trabalho, aí, sim, será perda de tempo.

CAPÍTULO 3

Ainda dá? Desde que factível...

*"Isso de querer/
ser exatamente aquilo/ que a gente é/
ainda vai/
nos levar além"*
(Paulo Leminski, *Distraídos venceremos*)

Toda expectativa nasce da intenção, do intuito de realizar algo, mas é necessário que esse algo seja, de fato, realizável. Do contrário, alimentar a expectativa de algo que eu não tenha condições de tornar real, por causa das circunstâncias, é flutuar em um campo quimérico, ilusório. Em momento algum o "ainda dá" é um incentivo ao delírio, à quimera ou ao autoengano. O "ainda dá" – vindo de dentro para fora ou de fora para dentro – precisa ser um movimento que encontre condições de viabilizar-se.

Quando o pensador francês René Descartes (1596--1650) lança a ideia de que o filósofo é aquele que tem "pés de chumbo e asas", está trabalhando com a noção de que a realidade tem o seu peso.

Ao mencionar as asas, Descartes chama a atenção para aquilo que nos permite uma visão acima do mundo concreto. Mas se contarmos apenas com as asas, corremos o risco de um desfecho semelhante ao de Ícaro, personagem da mitologia que, fascinado pela ideia de voar perto do sol, teve as asas derretidas e morreu afogado no mar Egeu. Ícaro desconsiderou os riscos que as circunstâncias ofereciam.

Os pés de chumbo, por sua vez, nos mantêm em contato com a realidade. Entretanto, podem nos deixar imobilizados ou com um raio de ação limitado, vendo o mundo sempre sob a mesma perspectiva. Para ir além, portanto, precisamos ter o desejo de expandir os horizontes, sem, contudo, ficarmos alheios às condições que nos cercam. A expectativa, portanto, nasce de uma inclinação que precisa encontrar viabilidade para transformar-se em realidade ou para transformar a realidade.

Por exemplo, milhares de crianças ao redor do mundo sonham em ser astronautas. Algumas o serão, assim como algumas o foram. Por quê? Porque nasceram em um lugar em que essa é uma possibilidade. Porque as condições estruturais são favoráveis, porque dispõem de apoios diversos que lhes permitem galgar os degraus até a meta almejada. Aliás, não se trata de um sonho típico de meninos. Em outubro de 2019, as astronautas Christina Koch e Jessica Meir realizaram a primeira caminhada espacial exclusivamente feminina.

É sempre prudente atentar para a diferença entre sonho e delírio. O sonho é o desejo factível e o delírio é o desejo que não tem meios de se tornar real. É importante ter sonho e o "ainda dá" compõe uma parte do sonho, como desejo realizável. Não o sonho como mero exercício de imaginação.

A exequibilidade daquilo que se almeja precisa partir de uma análise consistente de realidade. Por isso, a recomendação mais frequente para quem deseja empreender é elaborar um plano de negócios. Isso abrange estudo de mercado, que inclui etapas fundamentais. Verificar aspectos como o nicho em que se quer atuar, se o produto tem potencial de aceitação, qual o público-alvo e seus hábitos de consumo, o comportamento da concorrência, quem são os fornecedores, como suprimento e estoque são controlados, se há sazonalidade, quais as estratégias de divulgação do produto ou serviço, entre outros.

Parece uma advertência muito óbvia dizer que é preciso analisar a realidade, antes de se investir em um negócio. Mas ela é absolutamente necessária, basta observar o índice de mortalidade de empresas no Brasil. Levantamentos mostram que mais da metade não chega aos cinco anos de existência.

Muita gente ambiciona ter o negócio próprio, seja para mudar a condição de empregado para a de patrão, ou a de desempregado para a de empresário, ou ter uma atividade paralela a fim de complementar a renda. É da natureza humana ter aspirações de uma vida melhor, porém o cotidiano costuma conter mais complicações do que o sonho. Ao vislumbrar um negócio, o empreendedor geralmente o idealiza como uma marca de sucesso, case na mídia, exemplo de gestão e saúde financeira. O entusiasmo é necessário em qualquer empreitada, mas não pode prescindir da análise de realidade. Prova disso são os negócios que derretem ao sabor dos modismos. Aquele nicho de mercado que "vira febre" num determinado período pode nem ser lembrado na temporada seguinte, vide as paleterias ou os tantos produtos "gourmet" que, de tão banalizados, conferiram até um tom pejorativo à expressão.

Além dos aspectos mercadológicos, empreender requer uma boa dose (mais uma vez) de autoconhecimento. A começar pelo questionamento se estou, de fato, preparado para levar esse negócio adiante. Dependendo do nível de saturação em relação ao lugar onde estou trabalhando, qualquer alternativa pode parecer mais sedutora. Mas será que a saída é mesmo a melhor saída?

Mesmo que eu considere a minha paixão por uma determinada atividade suficiente para exercê-la, será que eu realmente reúno os atributos necessários para realizá-la dia após dia? E esse aspecto diz respeito às competências técnicas – como gerir finanças, por exemplo – e também às comportamentais. Consigo liderar pessoas? Tenho capacidade para me relacionar com clientes? Tenho habilidade para negociar com fornecedores? Qual o meu limite de tolerância para lidar com riscos? Conheço como funciona o meu processo de tomada de decisões? Tenho realmente espírito empreendedor ou só estou mesmo a fim de estar em outra atividade em outro lugar?

Indagações dessa natureza são fundamentais, porque a nossa tendência é sempre projetar um cenário mais alvissareiro do que a realidade que nos cerca.

No fundo, isso tem a ver com o modo como lidamos com a nossa insatisfação. Vale observar que a insatisfação, em si, não é necessariamente negativa. Obviamente existe a insatisfação negativa, que é aquela marcada pela chateação, pela lamúria, pela lamentação. Assim como existe a insatisfação positiva, que é quando se deseja mais e melhor (e não só para si, pois esse é um sinal de ganância, não de ambição de melhorar a condição em que se está).

Olhar para outro lugar como melhor do que aquele em que estou não faz o lugar em que estou melhor nem pior, trata-se apenas de uma comparação. Mas, pelos desvãos da nossa psique, a tendência é de sempre achar que "o gramado do vizinho é mais verde". E, mais uma vez, pensar assim não é algo necessariamente negativo. O gramado alheio pode servir de referência para o modo como quero transformar o meu. Isso pode mobilizar a minha insatisfação positiva e iniciar um movimento de melhoria, "aquele trabalho é melhor do que o meu", "aquele curso vai me deixar mais qualificado".

Essa ideia de imaginar que o outro lugar é melhor do que este, em um certo sentido, foi o que tirou a nossa espécie de dentro das cavernas. Por que sair, se ali era cômodo, nos abrigava das intempéries, nos protegia dos predadores? Quem conseguiu dali sair – tenha sido por necessidade, por curiosidade ou por inventividade – achou que o lado de fora era melhor. E correu o risco. Essa regra permanece: mudar de lugar implica correr risco – desde o tempo das cavernas.

Nessa hora, quando se procura um lugar ou uma condição melhor, muitas pessoas, em vez de analisarem as factibilidades, procuram apoio supersticioso, quase que dizendo: "O universo vai conspirar a favor!".

Ideia muito difundida na chamada literatura de "autoajuda", supõe que o universo conspira a favor de quem acredita piamente naquilo que deseja, de quem nunca desiste dos sonhos que carrega.

Essa concepção se estabelece muito mais no âmbito da crença inocente, uma vez que é improvável (no sentido de não ser possível comprovar) aferir os mecanismos pelos quais o universo conspira a favor ou contra algo. Quem teria tamanha autoridade para atestar o modo de funcionamento do universo?

A possibilidade de que acreditando as coisas virão, no entanto, não é totalmente descabida. Afinal, se eu me inclinar em direção a algo, a chance de encontrar esse algo é muito maior do que se eu não me inclinar. Mas de maneira alguma é uma garantia de realização.

O que acontece em algumas ocasiões é que, ao mobilizar minha atenção e minhas energias em torno de um objetivo, eu me torno mais atento às circunstâncias.

Por exemplo, estou estudando um determinado assunto e, ao passar em frente a uma livraria, noto um título que cai como uma luva para a minha pesquisa. A minha atenção se voltou para aquele livro, em grande medida, porque eu já me encontro envolvido com aquele tema. Dessa forma, o meu olhar é mais atento a esse tipo de circunstância. Se eu estivesse enfronhado em um projeto com outra temática, provavelmente passaria batido por aquele livro. Talvez haja um componente de sorte no fato de aquela obra estar posicionada ao alcance da minha visão, uma vez que não fui deliberadamente à livraria procurar o que havia sobre o assunto.

O envolvimento de uma força intangível é passível de ser considerada, entretanto, o meu condicionamento de estar atento àquilo com que estou lidando aumenta a minha percepção para aproveitar as oportunidades que aparecem. O universo conspirou? É uma leitura possível.

Independentemente do aspecto místico ou religioso (pois essa é uma questão de foro íntimo), é necessário entender que a crença em algo metafísico pode servir de estímulo para alguém se movimentar com mais disposição em direção àquilo que busca.

Se a pessoa se sente amparada, protegida, encorajada por uma força que transcende o humano, a tendência é de ter uma tenacidade, uma disposição mais acentuada durante a sua caminhada.

Essa ideia da crença, do desejar profundo, ganha lugar também pelo contraste. Afinal de contas, quem é pessimista, quem desanima ao primeiro sinal de dificuldade, dificilmente realiza aquilo que desejou. No lado oposto, quem "chegou lá" certamente cultivou o pensamento positivo, não se curvou diante das adversidades, persistiu, enfim, achou que ainda dava para atingir o objetivo que tinha em mente.

A crença pode ser um dos aspectos favoráveis no ponto de partida. Ela pode servir como energia motora, mas não como competência de realização. A crença e a dedicação na busca de uma meta precisam estar acompanhadas de competência, que congrega conhecimentos, habilidades e atitudes.

Uma pessoa que se apegue apenas ao sonho, à força de vontade, à voz do coração, corre sério risco de ver-se duplamente enfraquecida: por não ter chegado aonde queria e por duvidar da própria capacidade de sonhar ou desejar. "Se não consegui é porque não desejei profundamente?" "Não tive força de vontade suficiente?" São questões que não avaliam as causas reais de algo que não se concretizou. Só geram decepção, em vez de possibilitar uma análise para a redefinição de rota, para a busca de um novo horizonte.

Sem competência, o sonho sempre parecerá inatingível, mesmo que se acredite nas forças conspiratórias do universo. Imaginar um evento futuro como "impossível" é diferente de pensar que ele "ainda não" aconteceu.

O que é "ainda não"? É o nosso sonho. Cabe a nós acreditar que é possível torná-lo concreto, especialmente nos qualificando para essa consecução. Independentemente da orientação religiosa de cada um, vale lembrar a máxima que diz "a Deus rogando e com o martelo dando".

CAPÍTULO 4

"Ainda dá" dá trabalho: a vida é mais dura para quem é mole!

"É uma carga pesada para a vida aquele que considera a vida uma carga pesada."
(Provérbio árabe)

Mudar dá trabalho. Fácil é nos visualizarmos numa outra situação, sobretudo quando estamos infelicitados com a atual. Tendemos a montar um cenário idealizado, em que os benefícios se sobrepõem às atribulações. Quando estamos descontentes, nossa tendência é superdimensionarmos os aspectos negativos e não dar o devido valor àquilo que é positivo. Nosso julgamento fica enevoado. Mas, se o cenário que projetamos de fato reunir condições incontestavelmente melhores do que as do lugar onde estamos, o primeiro passo é nos mobilizarmos para realizar essa mudança.

No que concerne ao campo do desejo, esta parece ser apenas uma questão de lógica. "Se aqui não está bom e tem lugar melhor, migra-se para lá." Esse raciocínio faz todo o sentido, até esbarrar com a realidade. A começar pelo esforço em tirar a comodidade do caminho. Por mais paradoxal que pareça, é mais cômodo suportar alguns incômodos do que mudar a situação vigente. Se ela está instalada há muito tempo, essa diligência é ainda mais penosa.

Não que esse esforço seja impossível, mas, até por uma economia de energia psíquica, eu me coloco como incapaz de fazê-lo. Como forma de autoengano, é mais fácil atribuir a minha inação à minha circunstância: "Ah, não tive tempo", "Precisei cuidar de várias coisas ao mesmo tempo", "Não dou conta de tocar isso agora", "Até pensei nisso, mas tive um imprevisto...".

Encontrar justificativas que soem plausíveis produz uma sensação de conforto, quase que me mostrando que estou certo ao não agir. Estar sempre em movimento é uma justificativa para disfarçar o meu estado de repouso. Não é casual que as dietas, os exercícios, os trabalhos de conclusão de curso sejam acompanhados da clássica promessa "Segunda-feira eu começo...".

Essa "segundona" virtual, que está sempre no futuro, constrói um discurso que, no fundo, fala muito da minha incapacidade.

Felizmente não agimos assim em todas as fases da nossa vida. Senão, nem andaríamos com as próprias pernas. Andar inclui o risco do desequilíbrio momentâneo. O bebê está absolutamente confortável no berço. Não só economiza energia, como não corre risco de desabar. Há um momento, porém, em que ele percebe que, por mais confortável que seja, é também limitado. Ele tenta ficar em pé e cai sentado. Tenta outra vez e outra... Quando começa a vencer o pânico de cair, ele dá os primeiros passos. Nesse instante, ele assume o risco do desequilíbrio, mas seu mundo jamais será o mesmo.

Esse movimento tem a ver com o quanto se deseja ser o sujeito da sua própria história. Há pessoas que não querem. Há quem prefira a servidão voluntária. Aquela pessoa que prefere ser mandada para não ter de assumir responsabilidades. Ela prefere – e pode preferir – não tomar decisões ou que suas ações sejam determinadas por outrem.

É legítimo buscar essa condição de comodidade. Mas é fragilizante como possibilidade de usufruir a vida. Isto é, podendo ter algo melhor, se contenta com um patamar anterior. E a comodidade muitas vezes conduz à mediocridade.

Embora seja uma escolha, a mediocridade dificilmente conduz a uma vida gratificante. Ao final da trilha, é raro que a pessoa se sinta satisfeita ou até abençoada por ter passado por ela.

Existem duas atitudes bastante distintas a partir da suposição de que "se eu estivesse naquele lugar, estaria melhor". Uma, proativa, é começar a mover as energias para que essa mudança aconteça. Outra é pensar que aquele tal lugar é inatingível. Pode-se cair num estado de lamentação, quase que de autopiedade: "Eu não consigo", "Comigo nunca dá certo", "Isso não é para mim". Ou pode-se desistir por conformismo: "Vai dar tanto trabalho, que não vale a pena fazer todo esse esforço. Melhor ficar por aqui mesmo".

Algumas pessoas sustentam um discurso de que querem mudar, mas efetivamente não tomam nenhuma medida nesse sentido. Como consequência, o lugar em que estão – que não é o melhor – fica parecendo ainda pior. É como se a pessoa estivesse numa areia movediça, em que ela não sai de onde está e ainda drena a própria energia.

Se, de fato, a pessoa não quiser sair de onde está, o melhor é assumir para si mesma essa decisão. Será como tirar um peso não dos ombros, mas da existência. "Quero ficar onde estou." É o famoso "aceita que dói menos".

Talvez difícil mesmo seja abandonar o costume de reclamar. Como escreveu o inestimável poeta gaúcho Mario Quintana (1906-1994) em "Do pranto": "*Não tentes consolar o desgraçado/ Que chora amargamente a sorte má/ Se o tirares por fim de seu estado,/ Que outra consolação lhe restará?*".

Pode acontecer, é claro, a presença do "desgraçamento". Pensei que ainda dava, mas não deu. Não funcionou. Não produziu o resultado desejado.

Como proceder a partir dessa constatação? Eu posso olhar o fracasso e ficar só na lamentação. "Tá vendo? Não tem jeito. Eu quase me matei e as coisas não aconteceram." Qualquer insucesso pode servir como fonte de desespero, de autocomiseração, de arrependimento por ter feito um esforço que resultou inútil.

Mas é possível também olhar aquilo que aparenta ser um fracasso como uma oportunidade de aprendizado.

O passo malsucedido me serve de aprendizado para dar outro na direção que almejo. Ou pode me sinalizar que devo mudar de direção. Escolher outro caminho para chegar ao mesmo destino.

Aquele passo, portanto, não foi em vão. No mínimo, me mostrou como não chegar ou revelou que serão necessários mais passos para que eu realize o meu intento.

A compreensão do fracasso como uma etapa não desejável, mas passível de ocorrer, me dá energia para seguir adiante, em vez de me exaurir com lamentações. Se o insucesso permitir a percepção dos meus equívocos, posso reavaliar as condições e criar outras circunstâncias para o êxito.

Um exemplo clássico é o do norte-americano Thomas Edison (1847-1931), tido como o inventor da lâmpada incandescente capaz de suportar a corrente contínua. Os relatos quanto aos números de tentativas até conseguir seu objetivo variam da casa da centena até mais de 1.400. O fato é que Edison e seus assistentes dedicaram mais de um ano às experimentações até que o fio de algodão carbonizado chegasse ao invento que iluminou a humanidade.

Entre as mais de mil engenhocas patenteadas por Edison estão o fonógrafo, um embrião dos aparelhos reprodutores de som; o cinetoscópio, um protótipo dos projetores de imagens; e a caneta elétrica, que viria a dar origem ao equipamento hoje usado por tatuadores.

A Edison é também atribuída a autoria da frase: "Gênio é 1% de inspiração e 99% de transpiração".

Qual o grande mérito de Edison, além da criatividade? A trabalhosa persistência!

Em vez de tomar cada tentativa como um fracasso, Edison encarava como mais uma etapa do processo de aperfeiçoamento do seu projeto. Se não chegou ao resultado, ao menos sinalizou que ainda dava para tentar de outro modo. Porque saber o que não fazer é tão importante quanto saber o que fazer. A lição de Edison é que não há fracasso quando o erro acontece. O fracasso se estabelece quando há desistência após o erro ter acontecido.

Qualquer pessoa é passível de errar. Temos vulnerabilidades e estamos sujeitos a falhas. O fracasso acontece depois. Quando, em vez de persistir, de buscar, de refazer, de reinventar, de achar que ainda dá, nós entregamos os pontos.

A leitura mais imediata da expressão "ainda dá" é de impulso, de energia para ultrapassarmos um limite, para despendermos um esforço extra para irmos mais adiante. Mas essa expressão carrega também a perspectiva da não desistência.

Essa mensagem de "ainda dá" não se restringe a "chegue a tal lugar", ela concerne à virtude de "não deixe de tentar chegar". Porque, ao lograr êxito, ela servirá de referência para ocasiões futuras. Quando circunstâncias assemelhadas parecerem obstáculos, esse registro de que "ainda dá" se fará presente. Afinal, já deu na vez anterior.

Tal como o atleta que, após superar uma disputa acirrada ou bater um recorde em uma prova, ganha confiança para buscar outros resultados. Ou o vendedor que, ao fechar contratos após negociações complicadas, vai mais animado prospectar outros negócios no mercado.

Todos sabemos – seja no esporte, seja na carreira, seja no ambiente empresarial – que a conquista no presente não garante o êxito no futuro. São vários os alertas emitidos nesse sentido. O risco permanente é que a conquista leve a uma acomodação.

Quem quer realmente progredir, se desenvolver, alcançar um patamar mais alto, deve usar o triunfo obtido como matriz para outras conquistas. Como se a memória nos enviasse a mensagem: "Já me vi em situações assim – ou até piores – e superei". Esse tipo de registro em nosso inventário emocional gera uma atitude de não desistência. Portanto, "ainda dá" é uma atitude.

A virtude da não desistência se traduz pelo esforço que não cessa enquanto houver vida. Porque há pessoas que, mesmo enquanto ainda há vida, abandonam a esperança.

Quando ouvimos "ainda dá" – vindo de outra pessoa ou de nós mesmos – é um brado de coragem, de ânimo. Cabe observar que a palavra "ânimo" está conectada à noção de alma, de animação, de movimento.

Portanto, ela é quase uma sugestão de seguir em frente, pois desanimar significa perder a alma.

Vale insistir na ideia: apenas desejar não é garantia de sucesso, mas desistir, não atender ao "ainda dá", é um passo significativo para assegurar o fracasso.

CAPÍTULO 5

"Ainda dá" x "Ah, não dá": o poder do propósito

"Os homens distinguem-se entre si também neste caso: alguns primeiro pensam, depois falam e, em seguida, agem. Outros, ao contrário, primeiro falam, depois agem e, por fim, pensam."
(Leon Tolstói, *Cartas*)

Diante da imagem de uma porta fechada, há quem fixe o olhar na fechadura. Mas existem aqueles que se atêm à maçaneta. Esse direcionamento distingue as pessoas que valorizam a passagem trancada, o acesso negado, a impossibilidade, daquelas que sempre cogitam uma saída, uma alternativa, uma recusa ao que parece intransponível. Em suma, existem pessoas comprometidas com o problema (ah, não dá) e pessoas comprometidas com a solução (ainda dá).

No mundo laboral, basta percorrer algumas poucas estações de trabalho para deparar com pessoas reclamando do prazo constrangido, da falta de recursos, do orçamento restrito e da estrutura insuficiente, entre outras mazelas. Não que esses fatores sejam desprezíveis. Muitas vezes eles, de fato, prejudicam o desempenho e comprometem o resultado. Há, no entanto, um modo lamurioso de olhar o entorno.

E essa atitude pode conter algumas armadilhas. Uma delas é a amplificação de um aspecto desfavorável, a ponto de o restante parecer um caos. Outra encrenca é o efeito contagioso nas pessoas em volta. O sujeito com a nuvenzinha carregada sobre a cabeça costuma baixar a energia da equipe. Sobretudo quando ele encontra outro reclamão e tem início uma espécie de "leilão de desgraçados". Cada qual disputando quem dá o maior lance para ser a "vítima do mês", com seus respectivos martírios.

"Ah, com esse prazo, eles querem que eu faça o quê?"

"E no meu setor, que os caras pedem tudo pra ontem…"

"Com esse orçamento, acham que eu vou conseguir que tipo de fornecedor?"

"E eu que nem orçamento mais tenho para isso…"

E, se alguma condição melhorar, a ênfase passará a ser naquilo que continua dificultoso. Existem pessoas que usam isso como um marketing pelo caminho invertido. Vendem dificuldade na tentativa de uma autovalorização. O chefe que reclama da equipe numa alusão de que, no fundo, é ele quem faz acontecer. É o funcionário que, para dar "aquela valorizada", alega estar cheio de trabalho, mesmo sabendo que é possível cumprir a tarefa. É o gestor que diz que "aqui isso não funciona desse jeito", mas que vai ver o que "dá para fazer".

Obviamente, não se está negando a existência de empresas que se pautam por uma conduta exploradora em relação a funcionários e prestadores de serviços. Mas essas estão fadadas a sumirem do mapa, uma vez que só conseguirão a adesão por conveniência. Em vez de pessoas comprometidas, contarão com funcionários que estão ali de passagem, por alguma contingência e não por escolha. O risco que essas empresas correm é de perderem seus talentos a qualquer aceno do mercado. E, com os níveis atuais de competitividade, nenhuma organização se sustenta se não contar com profissionais competentes e engajados.

Em algumas situações, entretanto, o profissional perde a perspectiva de que foi chamado para um determinado cargo porque ele tem um repertório de soluções para aquelas demandas. Seja em qualquer função. No final das contas, é ele a solução para as necessidades daquela organização. Essa visão não pode ficar enevoada por vicissitudes pelas quais as empresas passam, em maior ou menor grau.

A pessoa precisa enxergar-se como parte da solução, não como cultuadora do problema. Até porque são raras as situações em que tudo está em seu ponto ótimo. A realidade é muito mais povoada por dificuldades (ou, eufemisticamente, desafios, como prefere o linguajar corporativo) do que por facilidades.

Cabe ao profissional lutar por melhores condições para exercer a sua atividade. Isso significa reunir argumentos que sustentem suas reivindicações, que sinalizem que as melhorias propostas serão traduzidas em performance, que os investimentos trarão retorno para a companhia.

E fazer o melhor com as condições que se tem, até que seja possível fazer melhor ainda. Isso é ser um agente de mudança. Pensar que ainda dá para fazer diferente do que sempre se fez, que dá para pensar de outro modo, que é possível tentar negociar melhores condições para que as pessoas aperfeiçoem suas performances.

A alternativa a isso é simplesmente se conformar e ir tocando o barco, cumprindo protocolos e esperando pelas *happy hours* nos bares, já que as horas felizes na empresa inexistem.

Se o profissional vislumbra possibilidades de melhoria em seu cotidiano, deve ser propositivo nesse sentido. A menos que chegue à conclusão de que aquele ali, definitivamente, não é o seu lugar. Se ficar evidente que existe uma incompatibilidade de valores, de visão, de propósitos entre as partes, aí é o caso de preparar uma mudança de rota, com um novo nome depois do @ no e-mail corporativo.

Por isso, é sempre preciso tentar! Assim como o fracasso acontece quando se desiste antes mesmo da primeira tentativa, ele também vem à tona quando a meta é abandonada diante dos primeiros reveses. Uma das virtudes mais decisivas é a capacidade de não desistir quando o objetivo faz sentido para a nossa vida.

No poema "Rápido e rasteiro", o poeta carioca Chacal expressa de maneira genial a força do propósito, ao mesmo tempo que celebra aqueles momentos em que a vida exubera, mesmo diante das forças contrárias: "Vai ter uma festa/ que eu vou dançar/ até o sapato pedir pra parar./ Aí eu paro/ tiro o sapato/ e danço o resto da vida".

Se eu quero algo, preciso buscá-lo com alguma dose de obstinação. Em certas ocasiões, terei de fazê-lo por muitas e muitas vezes. Essa tenacidade demonstra inteligência focal.

O jogador de vôlei Serginho, também conhecido como Escadinha, foi recusado em vários processos seletivos dos clubes esportivos, as chamadas peneiras. Só no antigo Banespa foram três nãos. Ele viria a ser contratado pelo clube anos depois, quando já despontava no cenário nacional. Apesar das tentativas frustradas, o atleta perseverou até conseguir uma vaga no Palmeiras. O ingresso na carreira não significou o fim das dificuldades. Viu-se desempregado quando o Guarulhos, seu segundo time, encerrou as atividades.

Mesmo como jogador, Serginho fazia bicos para complementar a renda, vendendo produtos de limpeza em uma Kombi ou ajudando na colocação de papéis de paredes. Mas teve a virtude da não desistência. "Acreditava que poderia melhorar de vida com o vôlei. Parecia loucura, afinal vôlei é esporte de elite. Mas eu pensava: se tem gente que consegue, eu também posso", conta na biografia *Degrau por degrau – A trajetória de Serginho, de Pirituba ao Olimpo*, escrita por Daniel Bortoletto (Planeta, 2017).

Fato é que essa determinação foi um dos fatores para construir uma trajetória que inclui quatro medalhas olímpicas (duas de prata e duas de ouro), a última delas, o topo do pódio na Olimpíada do Rio de Janeiro, quando foi eleito o melhor jogador da competição, aos 40 anos de idade e com quatro pinos na coluna. "Ele era um leão, tanto em treino como em jogos. E logo nos primeiros jogos pudemos observar uma questão mental importante: ele crescia nos momentos difíceis", comenta Nalbert, companheiro de seleção, na mesma obra.

A atitude "ainda dá" ganha mais robustez quando suplanta todos os indícios de que não daria. Conforme já mencionado, só acreditar que "ainda dá" não assegura a realização de um intento. Contudo, não acreditar ou curvar-se diante das dificuldades é pavimentar o caminho para o fracasso.

Por isso as histórias em que triunfos acontecem apesar de todas as condições contrárias causam tanto fascínio.

Como a saga do navegador irlandês Ernest Henry Shackleton (1874-1922). Em 1914, pouco antes da eclosão da Primeira Guerra Mundial, Shackleton partiu para sua terceira expedição ao Atlântico Sul. Na ocasião, o objetivo seria atravessar a Antártica pelo Polo Sul. Próximo da data do desembarque, o navio *Endurance* ficou preso em um banco de gelo. A solução seria esperar a chegada da primavera, na suposição de que o derretimento das placas soltaria a embarcação. A 2 mil quilômetros de distância de terra firme, os 28 membros da tripulação acamparam em uma banquisa, a superfície que se forma pelo congelamento da água do mar.

O aguardado degelo, no entanto, causou avarias no casco da embarcação, que veio a naufragar. Como líder, Shackleton precisava buscar uma saída, por mais que as probabilidades de sobrevivência fossem se derretendo também.

Ainda dava para chegar ao continente com os botes salva-vidas retirados do *Endurance*. Assim, em cinco dias alcançaram a ilha Elefante, de onde Shackleton e seis tripulantes empreenderam outra travessia de cerca de 800 quilômetros em busca de ajuda.

Foram duas semanas com a pequena embarcação chacoalhando no mar, por causa das sucessivas intempéries. Atingiram a ilha de Geórgia do Sul, mas ainda era necessário perfazer uma extensa caminhada por terrenos não mapeados. Chegaram finalmente a uma estação baleeira da Noruega, onde pediram ajuda. A colaboração do governo chileno contribuiu para o salvamento dos demais membros da expedição.

Foram quase dois anos até que acontecesse um dos mais improváveis resgates da história da navegação!

Numa leitura possível, trata-se de uma sucessão de "ainda dá". Cada etapa continha mais chances de transformar-se em fracasso do que em êxito. Há que se levar em conta que o instinto de sobrevivência tem peso nesse episódio, afinal, qualquer tentativa, por mais arriscada que fosse, parecia uma opção melhor do que simplesmente morrer congelado.

No entanto, essa odisseia do navegador irlandês encarna a máxima de "enquanto há vida, há esperança". Ainda dava para despender todo esforço possível na tentativa de um salvamento, mesmo que todos os sinais indicassem o contrário. E deu porque houve inteligência focal, esperança ativa, persistência e o compromisso ético de um líder com a sua equipe.

CAPÍTULO 6

Persistência não é teimosia e paciência não é lerdeza!

"Aprende com os outros a experiência que te pode ser útil!"
(Terêncio, *O homem que puniu a si mesmo*)

"Ainda dá" é uma atitude que necessita ser ancorada na realidade, não apenas em um desejo. Ter o ímpeto do "ainda dá" e sair em desabalada carreira não é sinal de firmeza de propósito, mas de imprudência. Almejar algo implica ter motivação, mas sem prescindir do preparo, do planejamento, da competência na execução.

Isso serve especialmente para o mundo corporativo. Não basta pensar que "ainda dá" para seguir numa estratégia quando os indicadores de mercado demonstram queda de desempenho. Manter um produto que não performa a contento, só porque já foi uma referência naquele segmento, não é persistência, é miopia empresarial. Os hábitos de consumo mudam. Os mercados mudam. Pode-se tentar um reposicionamento de marca, afinal, a literatura empresarial tem registros de ações bem-sucedidas nesse sentido. É válido esgotar as possibilidades antes de se redefinir o rumo. Porém, há momentos em que é necessário se render às evidências.

Um sucessor em uma empresa familiar que não demonstre vocação ou preparo para ser o principal executivo traz um risco para a continuidade dos negócios. Mantê-lo na função só porque é filho do dono não é persistência, é gestão equivocada.

A pessoa teimosa é aquela que, contra as evidências, segue agindo do mesmo modo. Se dirá que ir contra as evidências é uma característica também do indivíduo criativo. Sim, quando ele obtém sucesso. E o sucesso é mais próximo do persistente do que do teimoso. Na realidade, a fronteira é tênue. Mas a diferença reside na atitude.

A pessoa que teima não consegue enxergar outra possibilidade de agir além daquela que está praticando. Uma pessoa persistente é aquela que não desiste, porém tem a capacidade de refletir sobre o que não está saindo como o esperado e buscar alternativas para chegar aonde deseja.

Persistência é a capacidade de não desistir de algo, enquanto a teimosia é marcada pela insistência inflexível, quando se age sem cogitar outros modos de atuação.

Na prática, o julgamento se estou sendo persistente ou teimoso virá do modo como analiso os resultados parciais. Se eu não consigo obter nenhum avanço parcial no processo, não posso imaginar que haverá sucesso ao final. Confiar que o êxito virá em um lance de generosidade do destino é sinal de tolice ou de irresponsabilidade. Uma pessoa que persiste sabe que, durante o processo, precisará recalcular a sua rota caso os primeiros indícios sejam desfavoráveis. Uma pessoa teimosa é aquela que não desiste de sua convicção, mesmo que os indícios sinalizem insucesso. De maneira geral, a pessoa que só insiste, em vez de persistir, fica mais vulnerável a perdas e danos.

O jornalista e fotógrafo norte-americano Jacob Riis (1849-1914) constrói uma imagem que nos ajuda na reflexão. Diz ele: "Quando nada parece dar certo, vou ver o cortador de pedras martelando sua rocha talvez cem vezes, sem que uma única rachadura apareça. Mas, na centésima primeira martelada, a pedra se abre em duas, e eu sei que não foi aquela que conseguiu isso, mas todas as que vieram antes".

Esse entalhador de pedras está sendo persistente porque, provavelmente, carrega experiências de que é assim que se procede. Mesmo que fosse a primeira vez dele, ele teria indícios de que a pedra estaria paulatinamente rachando.

Portanto, são três fontes de informação: primeira, saber que é possível por ensinamento, alguém antes dele já o fez daquele modo. Segunda, porque ele mesmo já o fez e tem experiência. Terceira, na própria feitura do processo, percebe sinais de progressão. Com base nesses dados, conseguir o que se almeja é questão de tempo e persistência.

Claro que, assim como não se deve desistir por qualquer coisa, também não se deve continuar por motivos que não encontrem respaldo na realidade. Pois bem, considerei que "ainda dava" e não deu, cabe, então, analisar por que não deu. Pode ser que a minha força fosse menor do que as contraforças existentes: a contraforça econômica, a contraforça da minha capacidade, a contraforça do mercado. Se foi por fatores dessa natureza, não daria, mesmo que eu insistisse.

É possível fazer correções e seguir na mesma trilha? Se for uma questão de competências, sim. Eu me qualifico, invisto na capacitação da minha equipe, recorro a especialistas. Se for por uma razão mais estrutural, como um nicho de mercado que não demonstra mais interesse naquilo que ofereço, aí é o caso de cessar aquela atividade. Não é a minha insistência que vai alterar o panorama.

Isso não é desistência, mas uma intenção deliberada de encerrar aquele ciclo. Isso vale para outros aspectos da vida. Há momentos em que fica claro que uma relação afetiva deixa de ser gratificante. A conexão perdeu intensidade, os interesses se distanciaram, os vínculos se afrouxaram. Cessar a relação não é uma desistência e, portanto, um fracasso. É uma decisão de findar algo que só produziria sofrimento dali em diante. O já citado escritor latino da Roma Antiga, Publilio Siro (85-43 a.C.), dizia que "o plano que não pode ser mudado não presta".

A despeito da maneira taxativa com que a ideia é expressa, ela chama a atenção para a necessidade de sermos flexíveis. Existem variáveis que podem demandar ajustes, correções, reordenamentos. Cabe sempre lembrar que há uma diferença entre ser flexível e ser volúvel. Alguém que muda toda hora, sem muito critério, é volúvel. Flexível é aquele que, diante das evidências, é capaz de alterar a rota.

Desse modo, questionar a situação em que nos encontramos é um hábito salutar, mesmo que deparemos com aspectos negativos. Como estou me sentindo em relação à atividade profissional que exerço? A quantas anda o meu relacionamento afetivo? Minha carreira está me gratificando? Faz sentido continuar nesta cidade?

Muitas vezes, ao não fazermos questionamentos dessa natureza, corremos o risco de deixar a vida seguir de modo automático. Consequentemente, nos eximimos de tomar atitudes que a deixariam mais leve, mais compensadora, mais revestida de sentido. Pode ser que nenhum grande incômodo nos afete, mas pode ser também que nenhuma vibração mais intensa nos visite. É a chamada vida morna.

"Como está o casamento?"
"Ah, ruim com ela/ele, pior sem ela/ele."
"Como está no trabalho?"
"Ah, vamos levando."
"Por que não vai morar em outra cidade?"
"Ah, não! Recomeçar a vida em outro lugar dá muito trabalho."

São vários os motivos que levam a esse estado de pasmaceira. Por vezes, a pessoa simplesmente tem o hábito de reclamar, porém, no íntimo, se sente confortável naquela situação e não deseja mudar. Às vezes, existe algo que realmente a incomoda, mas não a ponto de gerar movimento, afinal, mudanças são trabalhosas.

O contrário também pode acontecer, a pessoa tem o impulso de mudar porque superdimensiona um aspecto da vida que está momentaneamente desfavorável. O desagrado com uma condição adversa no campo profissional drena toda a energia de ir para o trabalho. Uma atitude desagradável do parceiro afetivo já azeda a convivência. É, de fato, difícil avaliar se é o caso de realmente alterar a rota.

Eu, Cortella, tenho um critério: quando os *senões* são em maior número que as *razões* para permanecer numa determinada situação, é hora de tomar uma atitude. Pode-se até colocar no papel, como se fosse um exercício. Quais são as razões para permanecer nesta relação (com a empresa, com o parceiro, com um grupo)? Eu fico aqui "por causa de...". Enumere tudo aquilo que te agrada. Quais os senões (aquilo que desagrada)? Eu fico aqui "apesar de...". Enumere tudo aquilo que te desagrada.

Se os senões suplantarem as razões – quando os seus "apesar de" forem mais numerosos que os seus "por causa de" –, é um sinal de que chegou o momento de mudar o curso dessa história.

Insistir naquilo que tem mais "apesares" do que "por causa de", mais senões do que razões, não significa tenacidade, mas sim um modo de cultivar infelicidade.

Mesmo que a necessidade de mudar tenha ficado clara, com frequência, é difícil partir para a ação. Nosso instinto mais óbvio é o de sobrevivência, não apenas no sentido físico, mas em relação à sobrevivência psíquica. Isto é, "até onde eu aguento?". A resposta geralmente está atrelada ao nível de conveniência que se tem naquela relação.

Se eu sei o limite até onde aguento e aguentar for conveniente, eu aguento. Isso vale para as relações afetivas, para as relações de trabalho. Tendemos a nos orientar pela noção do mal menor: "O que me produzirá menor dano?".

Pode ser que, neste momento, eu resista melhor à certeza da turbulência do que à incerteza do próximo passo. Talvez o mercado de trabalho esteja pouco receptivo neste período, de modo que o menor dano é continuar aqui deglutindo batráquios. Fraqueza de propósito? Pode ser. Mas pode ser também uma pausa estratégica para reavaliar o contexto. Isso significa fazer uma leitura mais acurada do cenário e avaliar o momento mais adequado para dar o próximo passo.

Nem sempre mudar significa jogar tudo para o alto. Isso tem mais a ver com destempero do que com libertação. A constatação de que é preciso mudar, muitas vezes, exige um tempo de preparação. Isso não é esmorecer o propósito, mas cercar-se das melhores condições para cumprir uma trajetória mais assertiva. Numa discussão, por exemplo, a pessoa que fica calada por um tempo não está sinalizando que desistiu do embate. Ela pode estar aprimorando a reflexão para expor um argumento mais consistente na sequência.

Até porque é muito comum estarmos cientes do que não queremos mais, porém nem sempre temos a clareza de qual caminho tomar. É preciso refletir, conversar muito, buscar ajuda, pesquisar e ter algo que é decisivo na vida: paciência.

Convém ressaltar que paciência não é a mesma coisa que lerdeza. Ser lerdo é sinal de incompetência, ser paciente é sinal de inteligência. A paciência é a capacidade de maturar, de aguardar, de saber que existem momentos em que as coisas podem acontecer e que, eventualmente, podem até demorar um tempo maior do que presumíamos.

Algumas ações nossas na carreira, na família, na formação de um patrimônio, na aquisição do conhecimento exigem um tempo mais extenso de maturação. Vez ou outra, até podem vir com rapidez, mas nem sempre é assim.

Quando o é, cabe aproveitar. Quando não o é, há que se ter paciência.

Como aconselha o compositor carioca Paulinho da Viola, no genial samba "Argumento": "Faça como o velho marinheiro, que durante o nevoeiro, leva o barco devagar".

CAPÍTULO 7

O possível melhor, a excelência e o perfeccionismo

*"Sempre tem jeito, tem, tem/
Feito bem, tudo tem, tem"*
(Gilberto Gil e João Donato, "Tudo tem")

A excelência é um horizonte, não um local aonde se chega. Ela é uma referência de movimento contínuo, não um patamar em que se estacione. Se imaginada como uma linha de chegada a ser cruzada, a possibilidade de ser excelente se esvai. Porque a noção de excelência está ligada à ideia de melhor. E melhor não é uma escala, com gradações de "ótimo", "bom", "regular", "ruim" e "péssimo". Excelência é a atitude de buscar ultrapassar, de avançar, de ser melhor do que se está.

Sempre haverá a possibilidade da elevação. "Isto é ótimo. E pode ser melhor." Vale insistir, melhor não é uma gradação, é uma visão do que poderá ser. Melhor não é uma escala, é uma escalada.

Seria o mesmo que buscar a perfeição? No sentido de busca, sim. Mas de alcance, não, porque ser "perfeito" significa ser feito por completo, pronto, terminado. E somos seres em processo. Desse modo, não podemos ser perfeitos, porém é cabível pensar que somos perfectíveis.

Somos passíveis de sermos perfeitos. "Eu sei que não vou chegar ao máximo, mas quero me aproximar ao máximo do máximo naquilo que desejo empreender." Isso denota que o máximo é minha referência, a excelência é a minha referência, o perfeito é a minha referência. E, com essa orientação, sigo na caminhada.

Poderíamos até imaginar, como alegoria, que carregamos aquela placa de "estamos em obras", no sentido de que estamos em construção de nós mesmos e daquilo que realizamos na vida.

E como é possível saber se estamos na direção de fazer o melhor? Existe um indicativo, que consiste em fazer a distinção entre melhor como adjetivo e como substantivo. Quem quer excelência, deve olhar o melhor como substantivo, não como adjetivo. Quando você tem prazo para entregar um relatório, limite de custo para realizar um projeto, tem de fazer o *possível melhor*. O melhor, nesse caso, como substantivo, é o melhor que pode ser feito nas condições existentes. Se você procura o *melhor possível*, estará algum nível abaixo daquele que poderia alcançar. Quando você tem prazo a cumprir, precisa procurar o possível melhor até a data final. Será o melhor que você fará na condição em que se encontra.

Já o melhor possível revela uma postura mais acomodada, na linha do "foi isso o que deu para fazer". Essa ideia do "foi o que deu", do "é o que temos" é desanimadora. O que anima é olhar o possível como adjetivo, pois se é possível, eu posso ir além do apenas satisfatório.

Alguém que tem sempre o horizonte da excelência coloca o melhor como substantivo, o melhor é aquilo a ser buscado. Se ele servir como adjetivo, é acomodador, é desfigurante, compromete a qualidade.

"Fiz o melhor possível" é uma frase até desalentadora. É mais fácil imaginá-la pronunciada numa circunstância de fracasso do que de triunfo. Outra conotação aparece em "eu fiz o possível melhor", pois, se havia um melhor que poderia ser feito nessa condição, foi o que fiz. Demonstra uma posição que é impulsionadora. Quando faço o melhor possível, há um nível de conformismo. No fundo, sei que eu me mediocrizei, foi o famoso "deu pro gasto".

Qual o risco dessa atitude mediocrizante? Habituar-se com aquilo que é menos. A mediocridade é um hábito. Ela se insere como uma perspectiva de atuar sempre no modo de economizar energia, de se pautar por fazer apenas o mínimo necessário. Medíocre não é aquele que fica ali no meio da tabela (isso é ser mediano), mas aquele que se contenta com o banal, com o menor esforço. Daí para se instalar um estado de inércia não precisa muito. O que é preciso para se acomodar? Só se acomodar. Pronto, não requer prática, tampouco habilidade.

Quem busca o possível melhor se coloca na vida em um patamar mais elevado, pois é capaz de afastar a mediocridade. Pode ser que, por alguma contingência, o resultado esperado não tenha vindo. Mas, se eu concluo que fiz o meu possível melhor, me equilibro, pois tenho consciência de que, naquele contexto, o meu melhor veio à tona. Se tenho consciência de que eu não regateei empenho, o próximo passo é analisar o que pode ser melhorado para a oportunidade seguinte.

Afinal, é disto que se trata: honrar o esforço, ir além, ultrapassar o óbvio e caminhar numa direção que não limite o meu potencial, a minha expressividade, a minha capacidade de deixar a marca naquilo que faço. Essa é uma perspectiva que faz vibrar a vida que há em mim.

Podemos levantar voo e almejarmos um horizonte mais criativo, instigados pela busca da excelência, ou podemos estacionar no pântano da mediocridade. Essa é uma escolha. Talvez no lufa-lufa do cotidiano essa questão fique um pouco encoberta. Mas aparecerá em algum momento, de repente naquele despertar no meio da madrugada: "O que eu fiz da minha vida até aqui?".

O "ainda dá" está muito atrelado à ideia de excelência. De procurar fazer o melhor dentro daquela circunstância. Já que vou destinar o tempo da minha vida para fazer, então farei bem-feito. Do contrário, é melhor empreender a energia e o tempo em qualquer outra coisa.

Qual o propósito desse esforço? Fazer bem-feito para deixar a minha marca positiva na obra. Fazer bem-

-feito pela satisfação interior de me sentir capaz, de saber que sou reconhecido por isso. Fazer bem-feito para dar o exemplo a quem comigo estiver aprendendo. Fazer bem-feito para inspirar outras pessoas a também buscarem o melhor, a terem a excelência como meta. Fazer bem-feito para criar uma corrente virtuosa de coisas bem realizadas. Fazer bem-feito para ser gratificante para mim, como autor da obra, e para quem dela desfruta, buscando nela a obra excelente!

Vale de novo: excelência é a procura do melhor de modo contínuo. Mas essa noção não é idêntica à percepção do perfeccionismo. Pode até existir uma interseção entre essas duas ideias, à medida que a pessoa perfeccionista procura sempre fazer o possível melhor e, sobretudo, não acomodar-se no suficiente. É aquela que não se contenta com posturas como "ah, mas dá para entregar assim mesmo", "já está de bom tamanho", "ninguém vai reparar nesse detalhe".

Uma pessoa que se diz perfeccionista anuncia a intenção de sempre fazer o melhor, mesmo que aquilo que faça já seja de nível elevado. Um músico exímio, mesmo aplaudido ao final da apresentação, não fica totalmente satisfeito quando sabe que poderia ter sido melhor. Um escritor que, após o texto publicado, percebe que poderia ter feito uma construção melhor, fica frustrado, ainda que seu trabalho seja elogiado.

São comportamentos que demonstram uma atitude de busca de excelência. Há uma satisfação íntima em saber que o melhor que poderia ser feito foi realmente feito. Por essa perspectiva, o perfeccionismo, em si, não é um defeito.

É comum no ambiente de recursos humanos, especialmente entre recrutadores e selecionadores, a piada em torno do candidato à vaga de emprego que, indagado sobre um ponto fraco, cita o perfeccionismo. Vale a graça, afinal, quem aponta essa característica como defeito está sugerindo não ter defeito algum.

Mas ser perfeccionista sinaliza um compromisso consigo mesmo de fazer o melhor. No poema "Andrea Del Sarto", o dramaturgo britânico Robert Browning (1812-1889) escreveu: "Ah, mas o esforço de um homem deve exceder o seu alcance ou então para que o céu?".

Esse questionamento de Browning faz alusão ao céu como referência, o horizonte para que a pessoa vá além, tente ultrapassar aquilo que está ao seu alcance. Pode indicar uma impossibilidade, mas é, acima de tudo, a sinalização de um horizonte, um ponto futuro que nos propulsiona, que faz com que a nossa ação não se limite àquilo que for banal. Essa é uma postura positiva.

O oposto seria o modo desleixado, relapso ou acomodado. Qual o risco de eu começar a aceitar a ideia de que posso fazer alguma coisa sem capricho? Estender essa conduta para outras esferas do meu dia a dia. Habituar-me a fazer sem esmero, a realizar somente aquilo que "dá para o gasto".

Ter o perfeccionismo, portanto, como um compromisso de empenho para fazer o melhor é um atributo desejável. Ele passa a ser de fato um problema quando adquire um nível de obsessão que compromete o objetivo. Por exemplo, um jornalista que fica fazendo infindáveis ajustes no texto e atrasa a entrega da matéria. De que adianta um texto impecável que fica pronto depois do fechamento? Ou um chef que burila demais o empratamento enquanto o cliente fica impaciente com a demora? É necessário primar pela qualidade, mas ter a noção do processo como um todo. O perfeccionismo precisa ser um aliado para que o resultado final seja marcado pelo alto nível.

Isso vale para empresas também. Algumas destinam seus mais intensos esforços para as vendas, mas pouco se importam com o pós-venda. Outras fabricam produtos de alta qualidade, contudo, por causa de uma logística ineficaz ou de um mau atendimento, sofrem arranhões na percepção de suas marcas. Não adianta ter ilhas de excelência em uma companhia se houver falhas no processo que afetem negativamente o cliente.

Outro ponto em que o perfeccionismo pode ser prejudicial é quando a pessoa superdimensiona o erro que cometeu. O cantor que faz um ótimo show, mas fica remoendo a nota que desafinou ou a entrada fora do compasso. O palestrante que encantou a plateia, mas se martiriza por uma fala tropeçada ou porque esqueceu de citar um exemplo que tinha em mente. A pessoa que preparou uma refeição que agrada os convidados, mas fica se culpando pelo sal a mais em um dos pratos.

É claro que se algo sai errado, em meio a uma série de ações bem-sucedidas, acaba chamando a atenção justamente por destoar do conjunto da obra. No entanto como humanos somos falíveis. Isso não significa se conformar com o erro. Esses eventos servem para nos deixar mais atentos para que não se repitam. Estar atento é diferente de sobrevalorizar aquilo que nos desagradou.

Exemplo concreto: eu, Cortella, já fui avaliado em eventos. Muitas vezes, entre cem pessoas, dez expressaram comentários como "não gostei", "estava ruim" etc. Mas eu tive noventa avaliações favoráveis, que classificaram a palestra como boa ou ótima. Eu tenho de levar em consideração quem não apreciou, porque aquela opinião pode contribuir para uma melhora em algum aspecto que outros não anotaram ou não quiseram anotar. Mas eu também não posso hiperdimensionar as dez negativas perante outras noventa positivas, porque isso seria eu desmerecer a minha própria ação. Cabe a mim fazer as correções necessárias.

O perfeccionista dá atenção àquilo que é desvio, que é equívoco, mas de maneira alguma subestima os aspectos que produziram aquele resultado positivo. A pessoa perfeccionista não pode ser obsessiva a ponto de rebaixar o conjunto da obra por causa de algo que destoou.

Assim, seguir em busca da excelência é uma atitude positiva, desde que não fiquemos distraídos pelo caminho, procurando o horizonte sem olhar onde pisamos, despreparados para quando "o inesperado faz uma surpresa". E ele, às vezes, faz...

CAPÍTULO 8

O melhor do pior: sucessos e fracassos são relativos!

"Confesso que até hoje só conheci dois sinônimos perfeitos: nunca e sempre."
(Mario Quintana, *Na volta da esquina*)

Um dos bons conselhos na vida é "esperar o melhor temendo o fracasso, temer o pior procurando o melhor". Não se trata de um mero jogo de palavras, mas de uma perspectiva relacionada à nossa capacidade de empreender uma ação que seja eficaz. Essa eficácia implica contar também com um nível de cautela durante a execução.

Esperar o melhor reside no campo do desejo. Temer o fracasso é estar atento aos potenciais riscos de uma ação. Quem espera o melhor e não teme o fracasso pode se sentir invulnerável. E esse é o modo mais direto de tornar-se vulnerável. Esse tipo de distração pode arruinar ideias que nasceram alvissareiras.

Por mais ímpeto realizador que se tenha, é sempre recomendável levar em conta que o pior que pode acontecer, de fato, pode acontecer. Por isso, é necessário ter essa hipótese no nosso horizonte. Isso não invalida o foco de sempre fazer o melhor.

Nesse aspecto, o filósofo holandês Baruch Espinosa (1632-1677) nos faz um alerta especial. Em seu livro *Ética*, ele registra que "não há esperança sem medo, nem medo sem esperança". Na primeira parte dessa expressão, Espinosa constata a existência de um desejo de que algo aconteça, porém não descarta o temor de que aquilo que se almeja não se realize ou não se cumpra totalmente. Mas, ao completar a sentença com "não há medo sem esperança", o filósofo nos lembra que, mesmo que a situação se anuncie terrível, ainda existe a possibilidade de se vislumbrar uma alternativa, uma solução para aquela dificuldade. Feita no século XVII, essa formulação de Espinosa nos serve em vários momentos da vida.

Um exemplo que ilustra essa ideia foi a operação de resgate da nave Apollo 13, em 1970. Os três tripulantes da missão espacial (transformada em filme em 1995, dirigido por Ron Howard e estrelado por Tom Hanks) partiam para o terceiro pouso na Lua. Tudo parecia sob controle nas primeiras 55 horas de viagem. Até que um estampido foi ouvido, seguido de uma explosão. O módulo de comando estava danificado. A avaria ameaçava a sobrevivência dos três astronautas, comprometendo tanto o fornecimento de energia para a nave quanto o de água e oxigênio para os tripulantes. Outro fator de risco era o aumento do dióxido de carbono no interior do módulo lunar – projetado para duas pessoas e que, em decorrência das circunstâncias, precisou ser ocupado por três. Após a célebre frase "Houston, we've had a problem" [Houston, tivemos um problema], uma intensa força-tarefa foi montada pela Nasa, a agência espacial norte-americana. O plano inicial havia ido, literalmente, para o espaço. O pouso na superfície lunar precisava ser abortado e a missão naquele momento passou a ser o retorno da tripulação à Terra.

Durante quatro dias, foram tomadas medidas e feitas várias adaptações (como reduzir a temperatura da cabine para economizar energia) a fim de evitar um desastre. Nesse período, o melhor esperado esteve muito próximo de culminar com o pior desfecho, assim como a possibilidade de o pior se cumprir não paralisou os envolvidos naquela missão. Todas as tentativas foram feitas para superar as adversidades. Anos depois, o diretor de voo da Nasa à época, Eugene Kranz (interpretado por Ed Harris no filme), afirmou: "O maior erro não é tentar e falhar, mas não fazer o nosso melhor esforço naquilo que tentamos".

Existem pessoas que, em diversas situações na vida, não cogitam a hipótese de algo ruim acontecer ou de serem afetadas por algum imprevisto. Algumas alegam que pensar em plano B retira o foco do plano A, ou que é perda de tempo e de energia se preocupar com algo que tem baixa probabilidade de ocorrer. A questão é que fenômenos com baixa probabilidade acontecem. E essa baixa probabilidade não necessariamente tem baixo impacto.

Não se trata de ser paranoico, agourento ou negativista; antecipar-se a eventuais problemas é, acima de tudo, uma forma de inteligência estratégica. É claro que uma pessoa impactada por um imprevisto tomará alguma decisão, mas não significa que será a melhor decisão, pois será tomada sob intensa pressão.

Pensar na possibilidade de o pior ocorrer não só auxilia a prevenção, como já deixa encaminhada uma possível solução, evitando fracassos, preparando sucessos.

De uns tempos para cá, ficaram em voga frases que dividem a humanidade em dois grupos. Servem para qualquer ideia que se queira passar. "O mundo se divide entre aqueles que pagam juros e aqueles que ganham com os juros." "A humanidade se divide entre aqueles que estacionam na primeira vaga que aparece e aqueles que acreditam que haverá outra na porta." Até uma variação muito bem-humorada do escritor pernambucano Ariano Suassuna (1927-2014): "A humanidade se divide em dois grupos, os que concordam comigo e os equivocados".

Evidentemente, esse modo reducionista é usado para evidenciar contrastes, realçar a diferença entre os dois polos. Trata-se de um recurso de retórica que geralmente carrega um componente de humor.

Mas a complexidade da vida contempla muito mais nuances. Entre o claro e o escuro, existe uma extensa policromia. Isso vale também para o modo como definimos erro e acerto, fracasso e sucesso.

Como a vida é dinâmica, é mais interessante analisar sucesso e fracasso em perspectiva. O sucesso pode ser momentâneo. Quem o alcança pode se acomodar ou se distrair de tal modo, que aquele êxito passa a ser o passaporte para o fracasso. Empresas que nadavam de braçada em seus mercados de repente são engolidas porque outro modelo de negócio se sobrepôs naquele setor. Ou o jogador que se deslumbra com a notoriedade e perde o foco da sua condição atlética.

O inverso também ocorre. Alguns fracassos podem ser o ponto de partida para uma empreitada bem-sucedida. Um caso emblemático é o do desenhista norte-americano Walt Disney (1901-1966). Após passagens por agências de publicidade, Disney, aos 20 anos, montou seu próprio estúdio de animação, o Laugh-O-grams, na cidade de Kansas, no Missouri.

A habilidade com a gestão dos negócios estava longe da demonstrada com os traços. Após vários reveses, a empresa entrou em falência. Disney, no entanto, não desistiu. Decidiu recomeçar de outro modo na Califórnia. Uma noite, quando trabalhava sozinho ainda na antiga sede, percebeu a presença de ratos à procura de restos de comida nos cestos de lixo. Conseguiu engaiolar um deles, que veio a ser a inspiração para o personagem Mortimer Mouse, depois rebatizado Mickey Mouse, por sugestão de sua esposa Lilian Bounds. A continuidade da história, com a mudança da empresa para a Costa Oeste, é deveras conhecida.

Disney não se deixou abater pelo fracasso e esse foi um passo decisivo para que povoasse a imaginação de gerações com seus personagens. Aliás, o desenhista dizia: "Eu gosto do impossível, porque lá a concorrência é menor".

Um exemplo do esporte brasileiro reforça a reflexão: a chamada geração de prata no vôlei perdeu a final olímpica de 1984 para os EUA por 3 x 0. Havia vencido o mesmo adversário na primeira fase por placar idêntico. Perder o ouro é fracasso? Depende. Vários daqueles que seriam campeões olímpicos em Barcelona oito anos depois se declararam diretamente inspirados pelos vice-campeões em Los Angeles. Sem contar a popularização do vôlei que os atletas prateados promoveram no país a partir dos anos 1980.

Do mesmo modo, a percepção de erros e acertos também é revestida de nuances. Um erro pode ser a senha de acesso ao acerto e vice-versa. Mas o nosso aprendizado vem daquilo que fazemos a partir deles, da maneira como lidamos com as nossas conquistas e com os nossos naufrágios.

O acerto em algumas situações pode nos servir de bússola, no sentido de sinalizar que aquele caminho é viável. Porém, o acerto de hoje não é garantia de decisões corretas no futuro. Por exemplo, uma empresa que consegue êxito comercial, mas não inova, corre sério risco de oferecer mais do mesmo para um mercado que muda, que é ávido por novidades. Uma escolha de investimentos que se mostre acertada hoje pode levar a prejuízos amanhã, conforme as oscilações do mercado financeiro. O acerto de hoje merece ser celebrado, contudo, não pode empanar a nossa visão em relação aos sinais à nossa volta.

Há erros que são irremovíveis, não se apagam da história. Imagine como se sentiram os executivos da gravadora Decca que, em 1962, após ouvir quinze canções, resolveram dispensar os Beatles, sob o argumento de que rock com guitarra não teria futuro.

Equívocos, como já dito, nos servem de aprendizado. A experiência muitas vezes minimiza o risco de erros, seja por vivências próprias ou por exemplos alheios. Ainda assim, é difícil assegurar que não repetiremos erros ou que, mesmo mais experimentados, não cometeremos novos erros. O escritor francês Marcel Proust (1871-1922), autor do clássico *Em busca do tempo perdido*, alertava que "saber nem sempre permite evitar". Novamente: somos humanos e, como tal, falíveis. Um craque perde pênalti. Um empresário bem-sucedido comete erros de avaliação em relação a novos projetos. Nem sempre temos o controle de todas as variáveis. Imprevistos acontecem.

O erro traz à tona a necessidade de elaborar, analisar, prevenir, antecipar-se, aprender a fazer melhor – e aprender, inclusive, a se perdoar, pois a intenção era de acertar. É diferente de quando se incide no erro por displicência, desatenção, teimosia ou descuido. Isso precisa ser evitado, pois seus efeitos podem custar caro.

Um ponto de partida interessante para refletir sobre o erro é admitir o erro. Por mais que fatores intervenientes tenham gerado o mau resultado, cabe a cada um refletir sobre sua responsabilidade naquele evento. Fundamentalmente, por ser uma forma honrada de agir. O escritor e filósofo francês Voltaire (1694-1778) registra que "os homens erram, os grandes homens confessam que erraram". Existe uma dificuldade em admitir o erro, especialmente em ambientes marcados pela competitividade. No mundo corporativo, por exemplo, ser visto como alguém que falhou pode representar uma ameaça à carreira. Não só em relação a cargos de liderança, em que, muitas vezes, se espera atributos de um super-herói. Em qualquer camada da organização pode ter o "peixe ensaboado", aquele que tenta se eximir de qualquer responsabilidade pelos maus resultados. Admitir o erro, além de uma questão de caráter, é uma atitude de elevação. Sinaliza um caminho para evoluir, ao mesmo passo que afasta o fantasma da arrogância.

Na complexidade do mundo contemporâneo, não cabe mais essa divisão de vencedores e derrotados. Esse recorte, além de reducionista, é empobrecedor da condição humana. Estamos em processo.

Seria mais saudável, em vários sentidos, inclusive no psíquico, que nós nos víssemos como aprendizes em movimento.

CAPÍTULO 9

Ainda dá tempo? Nem oito e nem oitenta...

"Há uma medida nas coisas; existem enfim limites precisos, além dos quais e antes dos quais o bem não pode subsistir."
(Horácio, *Sátiras*)

A relação entre aquilo que fazemos e o tempo de que dispomos é um fator chave para a sensação de realização. Há pessoas que encaram essa relação como uma troca do tempo dedicado a uma determinada atividade por uma remuneração. Essa é uma conduta legítima. Faz-se algo que é necessário ser feito e recebe-se por ele. O questionamento é se esse é um modo compensador de se investir o tempo disponível, que é sempre o tempo de vida. A pessoa recebe por aquilo que faz, mas não se sente recompensada por ter feito, porque aquele fazer não a realiza.

Quando a pessoa se sente gratificada pelo que faz, essa lógica se inverte. Ela se sente tão realizada que o tempo não é gasto, mas investido naquela atividade. Alguns exemplos são bem ilustrativos. O empresário Antônio Ermírio de Moraes (1928-2014) tinha o hábito de trabalhar doze horas por dia e só aos 73 anos deixou a presidência do conselho de administração do grupo que comandava. Conciliava a atividade empresarial com a gestão de entidades sem fins lucrativos e ainda encontrou tempo para escrever peças de teatro.

Outro exemplo é José Mindlin (1914-2010), que, ao retirar-se da carreira empresarial aos 82 anos, dedicou-se ainda mais ao mundo das artes. Presidiu a Sociedade de Cultura Artística e deu continuidade à sua atividade de bibliófilo, exercida desde os 13 anos de idade. Aos 95 anos, tinha cerca de 40 mil livros, acervo que doou para o que viria a ser a Biblioteca Brasiliana, na Universidade de São Paulo (USP).

São exemplos de pessoas que dedicaram muitos anos àquilo que faziam e ainda cultivavam outras paixões e afazeres. Por isso são exemplos. O mais comum é deixar paixões e sonhos engavetados em razão das demandas do cotidiano.

"Ah, mas eu me sentiria realizado mesmo, se estudasse piano clássico." Consegue fazer isso, conciliando com o tempo para cuidar do emprego, dos filhos? "Não."

Diante desse quadro, pode-se pensar em uma alternativa. Em vez de estudar piano clássico, que tal contar com um pequeno teclado para se exercitar, tocar umas peças, de modo a realizar, ainda que de forma aproximada, aquilo que deseja? Se a resposta for "assim eu não me contento, comigo é oito ou oitenta", vale levantar algumas reflexões.

Primeira, aonde leva essa postura intransigente de "ou realizo por completo ou nem quero saber"? Segunda questão: essa é mesmo uma demanda da sua alma ou apenas uma quimera? Pode ser aquela forma de autoengano em que se sonha com algo, mas pouco se faz para concretizá-lo, porque esse percurso é árduo. Exige esforço, dedicação, renúncias. E, no íntimo, não se está disposto a despender os recursos necessários para seguir nesse caminho. Não é o sonho que realiza a possibilidade.

Aproximar-se de alguma maneira daquilo de que se gosta é um movimento que tem força vital. No mínimo, a pessoa terá um trânsito naquele universo que a apaixona.

Sonhar com as estrelas não significa necessariamente alcançá-las de modo concreto. Eu posso sonhar com as estrelas e, na impossibilidade de alcançá-las, posso escrever sobre elas, posso fazer uma música, posso ler livros sobre astronomia, posso desenhá-las. São variações, outras maneiras de estabelecer um acordo de "ainda dá" comigo mesmo.

Se as condições tornarem-se mais favoráveis, eu posso investir mais na direção daquilo de que gosto. Não preciso ser radical: "Ou faço integralmente ou não faço", tampouco ser intempestivo: "Vou jogar tudo para o alto e seguir meu sonho". É possível encontrar soluções intermediárias até que seja possível equacionar a situação.

A trajetória do escritor italiano Luciano de Crescenzo (1928-2019) é um exemplo de condução inteligente para conciliar desejos e necessidades. Até formar-se em engenharia, Crescenzo havia desempenhado várias atividades, entre elas a de cronometrista de provas de atletismo na Olimpíada de Roma, em 1960. Depois de graduado, tornou-se executivo em uma empresa de tecnologia por mais de vinte anos. Perto dos 50 anos de idade, ele lançou seu primeiro livro. A obra deu sinais de que seria bem-sucedida, mas Crescenzo permaneceu na empresa. Até que uma participação em um programa de televisão alavancou consideravelmente as vendas de seu livro. A partir dessa sinalização, Crescenzo decidiu enveredar de vez pela carreira artística. Não só literária, pois esse napolitano também foi ator, diretor e dramaturgo. Pelos caminhos na arte, ele viveu dos 50 até quase os 90 anos de idade, quando faleceu, em julho de 2019. O último papel que interpretou foi em 2017, e publicou obras até o ano de sua morte.

Além da versatilidade em atividades do mundo artístico, Crescenzo é um exemplo de "ainda dá" por começar uma nova atividade próximo de completar 50 anos. Mas é também uma referência de condução de carreira. Só deixou o cargo de executivo quando teve sinais consistentes de que a carreira artística seria viável. Ele não tomou nenhuma decisão intempestiva. Conciliou as atividades durante um tempo e optou por uma delas quando os ventos lhe sopraram favoráveis.

Faz pouco tempo, a linha da vida era simbolicamente dividida nos intervalos de 20-40-60 anos. Até os 20, a pessoa se formava. Daí até os 40, trabalhava de maneira mais intensa, em geral, constituía família e patrimônio. Dos 40 aos 60 anos, já ia se preparando para o final da atividade profissional.

Afortunadamente, nós estamos estendendo o tempo do "ainda". Do "ainda" várias coisas: "ainda tenho tempo", "ainda posso aprender", "ainda tenho ambição", "ainda tenho capacidades".

Claro que uma pessoa que se aposente tem a perspectiva de que, a partir desse momento, ela nada pode fazer – desde que tenha reunido condições financeiras para tal. Como eu, Cortella, costumo alertar, aposentadoria não é sinônimo de desocupação, é sinônimo de diminuição da obrigatoriedade. É poder escolher ocupar-se de coisas que não são obrigatórias.

Mas o que parece, enfim, algo libertador, para muitos se revela um tormento. Com frequência, pessoas que podem fazer o que quiserem se veem perdidas.

É um fenômeno especialmente notado em executivos, profissionais que passaram anos em grandes corporações, em que seus sobrenomes eram quase que substituídos pelo nome da empresa. Fulano da (nome da empresa), Beltrano da (nome da empresa). Virada a página, se veem sem as referências que os guiaram por décadas. "Agora o que vamos fazer da vida?" A ocasião merece um "ainda dá".

Ainda dá para buscar outros projetos, para ir atrás de desenvolver aptidões, de lidar com desejos que ficaram negligenciados. Ainda dá para fazer um trabalho de voluntariado. Ainda dá para formar gente. Ainda dá para transmitir conhecimento. Ainda dá para empreender.

Em certo sentido, a noção do "ainda" até se sobrepõe ao "dá". Porque o "dá" está vinculado ao resultado e o "ainda" atesta a nossa esperança. Nós somos movidos a esperança. Como diz o escritor e poeta italiano Cesare Pavese (1908-1950): "A única alegria no mundo é começar. É bom viver porque viver é começar sempre, a cada instante".

Estamos mais longevos. Se há três, quatro décadas, uma pessoa por volta dos 65 anos já estava quase que preparando a despedida da vida, hoje, alguém nessa faixa etária está plenamente capaz de realizar coisas.

A própria ideia de realização aponta para aquilo que nos torna reais. O que nos torna mais do que uma subjetividade? O que nos leva a ser mais do que uma mera vontade? Aquilo que realizamos.

E essa sensação de realização parece ser bastante íntima da longevidade. Fazer por mais tempo aquilo que nos realiza é estender a experiência de uma vida gratificante.

Em 2012, eu, Jebaili, estava na cobertura pela revista *Placar* da entrega da Bola de Prata, prêmio concedido aos melhores jogadores do Campeonato Brasileiro de Futebol. Ao final do evento, já na rua, passei por Zé Roberto, que carregava o troféu recebido pelo desempenho como meia no Grêmio. "Parabéns, Zé!", o cumprimentei meio que me despedindo. Ele agradeceu e puxou um papo. Estava visivelmente feliz. Dali a pouco, perguntei se ele estava cogitando uma aposentadoria, pois já circulavam rumores sobre essa possibilidade. Aos 38 anos, ele respondeu: "Algumas pessoas têm falado nisso, mas eu mesmo não me vejo parando". O aspecto atlético de Zé Roberto sempre falou alto em sua carreira, mas, naquele rápido bate-papo, tive convicção de estar diante de alguém que se sentia realizado naquilo que fazia.

Ele só viria a pendurar as chuteiras cinco anos depois, aos 43 anos. Não sem antes ganhar mais uma Bola de Prata, em 2014, pelo Palmeiras. Detalhe: dessa vez, como lateral-esquerdo, posição que exige ainda mais da condição física. Aos 40 anos, ele ganhava seu terceiro troféu (dezoito anos após o primeiro, em 1996, como lateral da Portuguesa). Ainda deu tempo de Zé Roberto sagrar-se campeão brasileiro pelo Palmeiras em 2016 e, no ano seguinte, de tornar-se o jogador com mais idade a marcar um gol na Libertadores, aos 42 anos, 10 meses e 18 dias.

Exemplo similar no futebol feminino é o da volante Formiga, que, aos 42 anos em 2019, seguia em atividade, carregando um currículo com seis Olimpíadas (de 1996 a 2016) e sete Copas do Mundo (de 1995 a 2019).

Os exemplos de longevidade no esporte vão se acumulando com o passar dos anos, graças a fatores como avanços na ciência e as metodologias utilizadas na preparação. Mas nos aspectos mental e anímico, há que se considerar uma parcela da atitude de "ainda dá" desses atletas na extensão de suas carreiras.

Desde os Jogos Olímpicos de 1992, a média de idade dos esportistas vem crescendo a cada edição.

Segundo dados do Comitê Olímpico Internacional, em Barcelona, a faixa etária média era de 25,02 anos. Seis edições depois, no Rio de Janeiro, em 2016, a média havia subido para 26,97 anos entre os participantes de todas as modalidades.

Mas esse fenômeno notado no esporte, que claramente depende do desempenho do corpo, também pode ser observado em outros campos. Como no das ciências, por exemplo.

Em 2019, o norte-americano John B. Goodenough foi premiado com o Nobel de Química, aos 97 anos (ao lado do britânico M. Stanley Whittingham e do japonês Akira Yoshino). Tornou-se o vencedor mais idoso da história do prêmio. No ano anterior, o também norte-americano Arthur Ashkin havia sido agraciado com o Nobel de Física, aos 96 anos (ao lado do francês Gerárd Mourou e da canadense Donna Strickland). Quando do anúncio do Nobel a Goodenough, os relatos eram de que ele continuava em plena atividade, sendo visto cotidianamente nos laboratórios de pesquisa da Universidade do Texas.

No campo da estética, o espanhol Pablo Picasso, um dos mais influentes artistas plásticos do século XX, produziu mais de XX mil obras e, de acordo com depoimentos de quem viveu próximo a ele, trabalhou intensamente até o fim de sua vida. Mesmo com a visão já deficiente, seguiu criando até os 91 anos – um exemplo da arte de viver com arte.

CAPÍTULO 10

Começos e recomeços: consistência, persistência, resistência

*"Uma vontade, mesmo se é boa,
deve ceder a uma melhor."*
(Dante Alighieri, *Purgatório*)

Quando gravaram a música "Time is on my side", em 1964, mais do que um *hit*, os Rolling Stones lançavam uma profecia. À época, a banda britânica tinha dois anos de carreira. Hoje é a mais longeva da história do rock. Os Stones começaram em 1962 (dois anos antes do The Who, a segunda mais longeva) e seguem eletrizando plateias em estádios lotados ao redor do planeta. Há quantos anos eles avaliam se ainda dá para fazer mais uma turnê mundial? Continua dando e as pedras rolando... O tempo segue do lado deles.

O tempo é finito, mas não representa necessariamente um impedimento. Há uma série de empreitadas bem-sucedidas iniciadas por pessoas numa faixa etária em que tantas outras já estariam batendo em retirada. Em 1911, o norte-americano Charles Flint fundou o grupo empresarial Computing-Tabulating-Recording Company, que daria origem à IBM. Flint tinha 61 anos na época (e ter 61 anos no começo do século

XX era bem diferente de ser sexagenário nos tempos atuais). Ele só se aposentou em 1930, quando deixou o conselho de administração aos 80 anos de idade.

A pesquisa Empreendedorismo no Brasil, do projeto Global Entrepreneurship Monitor (GEM), feita pelo Instituto Brasileiro de Qualidade e Produtividade com o Sebrae e a Universidade Federal do Paraná, mostra que 9,7% dos empreendedores que começaram um negócio em 2018 estavam na faixa de 55 a 64 anos. Esse percentual significa cerca de 2 milhões de novos negócios.

Além do aspecto etário, outros fatores determinam o começo de uma nova atividade ou uma mudança de carreira. Há vários exemplos de pessoas que possuem talentos em mais de uma área. O compositor carioca Guinga, reconhecidamente um exímio violonista, por muitos anos atuou como dentista. O mineiro Guimarães Rosa (1908-1967), além de ter se tornado um gênio da literatura, era médico e exerceu carreira diplomática.

Assim como existem casos de profissionais, muito bem-sucedidos em suas trajetórias, que experimentam outros caminhos para dar vazão às suas paixões. Considerado o melhor jogador de basquete de todos os tempos, o norte-americano Michael Jordan, depois de três títulos seguidos na NBA pelo Chicago Bulls, surpreendeu o mundo do esporte em 1994, ao anunciar que começaria uma carreira no beisebol. Era um sonho de infância e que contava com o apoio do pai, que havia morrido meses antes da decisão. Jordan jogou por pouco mais de um ano e seu desempenho em campo nem chegou perto do que havia apresentado em quadra. "Posso aceitar a derrota. Todos nós falhamos em alguma coisa. O que não posso aceitar é não tentar. É por isso que não tive medo de me arriscar no beisebol", declara no livro *Nunca deixe de tentar* (Sextante, 2009). Depois da incursão no mundo dos tacos, bases e bolinhas, Jordan voltou ao Bulls e faturou outros três títulos na NBA.

Algumas mudanças de rota não ocorrem de maneira deliberada, mas por força das circunstâncias. Foi o que aconteceu com o craque Tostão, que teve de encerrar a carreira futebolística aos 26 anos. Campeão do mundo no México em 1970, o jogador se despediu dos gramados três anos depois, após dois episódios de descolamento de retina. Decidiu prestar vestibular para Medicina. Em 1974, ele se viu fazendo prova no Mineirão, local onde anos antes era aplaudido pela torcida. Mas, naquele momento, o ex-jogador era apenas um entre tantos outros candidatos a uma vaga na universidade. Tostão foi aprovado e tornou-se o doutor Eduardo Gonçalves. Foi professor universitário e fez formação em psicanálise. Em 1994, foi convidado a comentar os jogos na Copa do Mundo nos EUA. Foi uma volta ao futebol por outra via. Depois, tornou-se colunista em jornais, considerado também um craque nos textos. Na autobiografia *Tempos vividos, sonhados e perdidos* (Companhia das Letras, 2016), Tostão escreve: "Morremos e renascemos várias vezes na vida, até desistirmos, ou até que a vida desista de nós".

Fato é que estamos vivendo mais. Avanços nas ciências indicam populações mais longevas. Essa tendência de mais tempo de vida abre a possibilidade de fruir mais experiências, de exercitar mais habilidades e paixões. No âmbito do trabalho, está cada vez mais distante a imagem do profissional que passava a carreira toda numa empresa e era homenageado com plaquinhas, relógios ou bandejas pelo "tempo de casa".

Carreiras surgem e desaparecem. A tecnologia elimina funções e cria outras. Produtos ficam obsoletos, novos serviços aparecem. Trata-se de um mundo mais volátil, de mudanças mais velozes (mudanças sempre aconteceram, a velocidade com que elas se processam é que dão o tom da nossa contemporaneidade). Vivemos mais e convivemos com mudanças muito mais rápidas do que os nossos antepassados. Portanto, viver e mudar são verbos com significados cada vez mais próximos.

Embora alguns campos da ciência falem em imortalidade como uma possibilidade, a eternidade não é um referencial para a espécie humana. Nós somos finitos e isso, muitas vezes, soa aflitivo. Quando falamos "ainda dá", é sinal de que ainda há tempo. Portanto, ainda é viável exercer aquilo que se deseja, aquilo que se procura. Quando não houver mais tempo, também não haverá mais aflição. Há uma frase antiga que diz que "a vida é um problema dos vivos, os mortos não têm problemas".

A perspectiva de não haver mais tempo é a anulação do "ainda dá". A imagem do relógio em movimento é um recurso largamente utilizado em filmes, em cenas de prova em sala de aula ou mesmo nos programas televisivos de disputas culinárias. Os ponteiros avançando evidenciam a pressão presente naqueles ambientes. É a percepção do tempo como opressor.

Há uma frase forte, dita pelo goleiro Gianluigi Buffon, ao despedir-se da seleção italiana, em lágrimas, ainda no gramado: "O tempo é tirano". Ele a pronunciou ao término da partida que alijou a Itália da Copa do Mundo de 2018. O empate sem gols com a Suécia colocava fim ao sonho de Buffon de disputar o seu sexto Mundial. Foi o jogador que mais vezes vestiu a camisa da Squadra Azzurra, 176 partidas até aquele momento. Depois, em 2018, ele aceitou a convocação para dois amistosos. De todo modo, a entrevista do goleiro mostra que até para os grandes o tempo é implacável. Chega uma hora em que não dá mais.

Remete à melancolia do célebre "E agora, José?", do magnífico poeta mineiro Carlos Drummond de Andrade (1902-1987): "E agora, José?/ A festa acabou,/ a luz apagou / o povo sumiu/ E agora, José?".

A nossa condição de finitude nos obriga a ter atenção a isso, porque sabemos que não temos todo o tempo do mundo para as coisas. E o mais paradoxal é que, mesmo que tenhamos essa consciência, às vezes fazemos de conta que não é com a gente. Algumas pessoas são indiferentes a essa condição de finitude e agem como se dispusessem de todo o tempo. Quando deparam com a areia da ampulheta escorrendo para o fim, entram em desespero. Há uma diferença entre desespero e aflição. Quando fico incomodado com algo e me ponho a tentar resolver, estou movido pela aflição. O desespero fica claro pela minha incapacidade de ação. Enquanto a aflição é mobilizadora, faz com que eu tome alguma providência, o desespero me paralisa, me coloca em expectativa aguardante, ao sabor dos acontecimentos.

A aflição me impele a fazer escolhas na vida, a fim de que eu preserve a minha saúde física e mental, a minha harmonia em relação à vida. Aflição é aquilo que me impulsiona para mais uma procura, mais um passo, mais uma tentativa. A aflição envolve o "ainda dá" no sentido anunciante de um movimento que farei para mudar a situação vigente. Claro que uma hora não dará mais, porque a finitude das coisas, sobretudo do nosso tempo de vida, é um fato e, como tal, inexorável.

Algumas religiões semeiam a crença em oportunidades em outras dimensões e, por essa perspectiva, o tempo vital seria episódico. Isto é, esta vida é só uma etapa de uma existência maior. Não é casual que religiões reencarnacionistas lidem com a perspectiva de um tempo que ultrapassa o modo meramente cronológico e, com isso, contemplam a possibilidade de outros "ainda dá". A essência do indivíduo perdurará e poderá retornar de maneira que ele reinvente, corrija, retome, faça de outro modo.

Mas nem todas as perspectivas religiosas são marcadas por essa concepção. O catolicismo é ressurreicionista. Convém ressalvar que acreditar na ressurreição não é a mesma coisa que crer em reencarnação. Na concepção judaico-cristã, esta vida é única e é nela que você tem a tua chance. Um dia, segundo as crenças judaico-cristã e islâmica, no Juízo Final, a Divindade decidirá o teu destino. É uma continuidade de algo que se iniciou quando você de lá veio. Como a tua fonte é a tua alma imortal e ela de Deus veio – na crença de várias religiões – para Ele voltará. Poderá ficar na presença Dele, que é o paraíso, ou na ausência Dele, que é o inferno.

As religiões reencarnacionistas atribuem uma noção de tempo que é quase cíclico. Nesse tipo de percepção, a mensagem não carrega um tom conformista: "Poxa, não deu nesta vida, dará na outra". Em algumas dessas religiões – como no budismo e no espiritismo kardecista –, a ausência de esforço para evoluir, a acomodação, a mediocridade desfavorecem a sua condição de retorno. A dificuldade que você terá numa outra vida poderá ser maior do que a enfrentada nesta atual. A própria noção de carma, dentro do budismo, não é a de um destino no qual você não intervém. O carma é composto a partir das tuas escolhas, daquilo que você decidiu fazer ou deixar de fazer. As concepções que na história religiosa lidam com a noção de reencarnação trabalham com a recusa da mediocridade. Você reencarna para ser melhor, não para fazer mais do mesmo.

As religiões, de maneira geral, trabalham com as nossas aflições, isto é, com a nossa procura pela paz interior, pela harmonia na vida, pelo afastamento do desespero. Mas todas elas lidam com a noção de tempo vital de algum modo.

Ao olhar a religião sob o ponto de vista do "ainda dá", para ter esperança você precisa ter esforço, dedicação, atuação. Na crença reencarnacionista, o merecimento de uma vida melhor dependerá do esforço feito nesta passagem atual. Nas religiões ressurreicionistas, especialmente no cristianismo, você merecerá a salvação da tua alma, portanto, a eterna permanência dela ao lado do Criador, se você não tiver neste mundo aquilo que se chamava de acídia, que é o equivalente da preguiça.

Até Tomás de Aquino (1225-1274), que é o organizador de ideias circulantes na teologia cristã, o pecado mortal mais insidioso era a preguiça. Foi ele o responsável pelo ordenamento dos sete pecados capitais. Até o século XII, a ideia mais forte de afastamento da fonte da vida era a preguiça ou a acídia. Não a preguiça no sentido de não querer trabalhar, mas de não fazer esforço para salvar a própria alma. E esse esforço de salvação da alma significa fazer o Bem. Se você for preguiçoso na feitura do Bem, se não for piedoso, se não tiver percepção de fraternidade, se não praticar a caridade, cometerá um pecado mortal. Na crença dos cristãos, especialmente na teologia católica, o pecado mais forte é a desesperança. Porque a perda da esperança significa impedir a manifestação da bondade divina.

A partir do momento que eu tenho a perspectiva de que não dá, a esperança fica demolida. Nessa hora, a aflição se transforma em desespero. É quando deixamos de acreditar que "ainda dá".

Quando estamos com aflição em relação a alguma coisa, ou iniciamos um processo de demolição dessa aflição ou ela cresce de modo exponencial. Uma aflição só começa a se resolver quando tomamos a iniciativa de resolvê-la, isto é, quando vamos em busca da anulação da fonte daquela aflição. A mobilização surge da percepção de que algo precisa ser lidado para não sermos fustigados por um sofrimento maior.

Nessa hora, a ideia do "ainda dá" precisa de acolhimento. Não basta que "ainda dá" seja pronunciado por alguém como estímulo. É preciso acolhê-lo, introjetá-lo. Eu preciso crer que aquela movimentação que farei, que aquela energia que desprenderei trará, de fato, um benefício. Eu sei que não é garantia de que será, mas não mobilizar será a garantia de que não será.

Muitas vezes, a mudança acontece a partir das angústias que carregamos no dia a dia. A angústia não é sempre negativa, ela pode ser um fator a mais para nos mobilizar.

O único remédio contra angústia é a ação!

CAPÍTULO 11

Até onde dá? Tempo, vida e finitudes...

"Além da própria força, mesmo que a vontade seja abundante, ninguém é forte."
(Homero, *Ilíada*)

A expressão "ainda dá" é uma forma de assinalar a existência de uma força intrínseca na busca de um objetivo. Esse mote, contudo, precisa ter conexão com o rol de competências. Não pode ser uma forma de estímulo que, repetido tal como um mantra, crie uma ilusão de energia, de uma habilidade, que a pessoa passará a ter apenas pela disposição de fazer um esforço a mais.

O "ainda dá" pode ser um brado para seguir em frente, mas é bastante recomendável usar outra formulação mais questionadora: "ainda dá?". Não como pretexto para desistir, mas como exercício de autoconhecimento. Eu realmente disponho de recursos para seguir nessa jornada? É comum, quando estamos empolgados com alguma ideia, fazermos avaliações imprecisas, apressadas, minimizando riscos ou superdimensionando virtudes.

Um *post* engraçado que circula pelas redes sociais (cuja autoria, portanto, é difícil de apontar) diz, com algumas variações, que "a trilha para o Everest está cheia de cadáveres de pessoas proativas, automotivadas e que queriam sair da zona de conforto".

Esse é um modo bem-humorado de dizer "não vou". Sucede que o fato de haver pessoas que perecem (de qualquer modo, físico ou não) na trajetória não retira a qualidade do esforço de quem ali pereceu. Ao contrário. O dramaturgo espanhol Calderón de la Barca (1600-1681) escreveu que "a queda não cancela a glória de ter subido".

De 1924 a 2018, foram 295 mortes na escalada da montanha mais alta do mundo (8.848 metros). O ano mais letal foi 2015, quando uma avalanche provocada por um terremoto no Nepal vitimou 22 pessoas. Afora os acidentes naturais, o cansaço é apontado entre as principais causas de mortes. Assim como em outras circunstâncias da vida, muitas vezes a pessoa assimila o desafio, mas não reúne todas as condições para enfrentá-lo. Esse *meme*, com seu modo de humor, não desqualifica o esforço, mas pode servir de alerta.

Não é porque eu quero ser fora da curva, não é porque eu estou muito motivado, não é porque eu gosto de desafio que tudo dará certo. A possibilidade de desastre está sempre me rondando. A própria palavra "desastre" significa "quando os deuses se afastam". A circunstância desastrosa não depende exclusivamente das minhas ações. Não há nada que, em algum momento, não possa provocar um efeito indesejado.

Evidentemente, eu preciso fazer todo o esforço de inteligência para cercar as ações que farei, de modo a minimizar os riscos de um desastre. Mas essa conduta preventiva não zera o risco, apenas reduz a probabilidade de ocorrência. Reduzir a margem de erro não significa a extinção do erro!

São muito raras as situações em que podemos controlar todas as variáveis. Nem no nível individual nem no coletivo. Uma empresa não domina todas as forças de interação do mercado em que ela atua. Não por acaso, as organizações trabalham com a noção de diminuição do risco ou minimização do risco. Não se vê a ideia de extinção do risco circulando no mundo corporativo.

Muitas pessoas devem se lembrar daquela cena que entrou para a antologia do esporte, da suíça Gabriele Andersen, cambaleante ao final da maratona feminina na Olimpíada de Los Angeles, em 1984. É muito emocionante imaginar o empenho daquela atleta que não quis desistir, embora ela tenha chegado a um limite muito perigoso, a ponto de colocar a própria vida em risco. Se ela tivesse um colapso vital, o motivo daquele esforço seria questionado. Nenhum de nós, no entanto, diria que ela não tem o direito de fazê-lo. Era a razão dela, ela queria chegar, nem que fosse daquele modo. Cabe contextualizar que aquela foi a primeira prova da maratona feminina na história dos Jogos Olímpicos. Entre as cinquenta competidoras, Gabriele chegou na 37ª colocação.

Podem ser variadas as razões que fazem com que as pessoas forcem seus limites. Algumas se negam a desistir por considerar que seria um atestado de derrota, após tanto esforço feito. Aliás, há relacionamentos que continuam porque uma das partes (ou ambas) acha que separação é sinal de fracasso. "Por que separar agora, depois de tanto tempo?" Outras pessoas vão até o limite das forças por pensarem "se eu desistir disto, pode ser que eu comece a desistir de outras coisas também". No âmbito da psicologia humana, o caráter simbólico dos eventos influencia as nossas decisões.

A piada no *meme* do Everest lotado de cadáveres é boa, porque a ideia nela contida tem de ser considerada. Ele não é uma sentença de realização, não é uma determinação que faz com que lá só estejam aqueles que tinham a perspectiva de sair da zona de conforto e se deram mal. Aquela é uma possibilidade, portanto, algo a ser levado em conta como reflexão. Uma pessoa que queira sucesso não pode afastar a possibilidade do fracasso. E também não se deve confundir coragem com insensatez, que é o ímpeto sem o devido preparo. É provável que os acomodados, ao lerem o *meme*, tenham o impulso de dizer: "Tá vendo? Eu, aqui, tô de boa", quase que para justificar o imobilismo.

Há um desenho relativamente conhecido de um sapo sendo engolido pela garça. O anfíbio está com a cabeça já para dentro, mas, ainda assim, tenta esganar a garça. Essa é a imagem da não desistência. O sapo vai ser engolido, mas vai dar mais trabalho, vai "vender caro a derrota". Qual é a ideia? Não é que aquele esforço do sapo vai evitar o final, mas vai honrar o sapo. Um sapo desistente é só um sapo. Um sapo que tenta até o último momento sobreviver é um sapo que faz com que a vida não seja tão banal.

O risco mais premente é o da banalização da vida, o apequenamento dos propósitos e o entristecimento evitável. São recorrentes as pesquisas que apontam percentuais altos de pessoas infelizes no trabalho que executam. Falta de reconhecimento, sobrecarga de tarefas, problemas de relacionamento com colegas e chefes são motivos que costumam aparecer no topo da lista dessas apurações.

Pessoas dedicam grande parte de seu tempo de vida à atividade laboral. Ademais, os limites entre casa e trabalho foram pulverizados. A qualquer momento, demandas aparecem. A percepção de que o tempo é despendido em um lugar que infelicita esvazia o propósito de se fazer o que se faz. Essa frustração fica ainda mais realçada pela impressão de que o tempo passa cada vez mais rápido à medida que envelhecemos.

Existem pessoas que passam a semana torcendo para a sexta-feira chegar. O que é absolutamente tranquilo. Basta permanecer vivo, que a sexta-feira chegará. Assim como a segunda... E assim a vida passa. Tempo é vida, e ambos finitos nessa relação.

"E quando eu tiver saído/ para fora do teu círculo/ não serei, nem terás sido/ tempo, tempo, tempo,

tempo", canta o compositor baiano Caetano Veloso, na sua monumental "Oração ao Tempo".

É sempre conveniente fazer algumas reflexões a fim de evitar decisões precipitadas. Uma pergunta fundamental é se a insatisfação é realmente com o trabalho ou com aquele momento da carreira. Porque é bastante comum se deixar desanimar por alguma circunstância momentânea, como um projeto desgastante, uma equipe que não tem sinergia ou um *job* que se mostra muito mais complicado do que parecia inicialmente. O modo aborrecido pode ser despertado também por uma injustiça pontual, por um período de baixa performance pessoal ou da companhia, por um fornecedor ou por um cliente problemático.

Quando se avalia o momento profissional, é preciso distinguir o que é estratégico e o que é circunstancial antes de empreender uma mudança de rota. Uma pessoa que está infeliz no local de trabalho não precisa necessariamente mudar de carreira. Ela pode revigorar a vitalidade no local em que se encontra.

Vale lembrar que a vida se assemelha muito mais a uma maratona do que a uma prova de 100 metros rasos. A carreira também é assim. Na maratona, você às vezes acelera, às vezes guarda energia para os momentos mais críticos. A noção de uma perspectiva maratonista na carreira implica compreender que haverá trechos de maior dificuldade, assim como aqueles em que a passada será mais fluida.

Em alguns momentos, portanto, é necessário analisar aquilo que é circunstancial na insatisfação e aquilo que é estrutural. Há queixas em relação à carreira que são estruturais, não têm a ver com o momento, mas com aquela prática, com o tipo de negócio. Se aquilo que é estrutural me infelicita, seja porque eu não me enxergo como pertencente àquele meio, não me realizo, não tenho alegria naquilo que faço, então, eu não devo persistir.

A insistência, a persistência, a resiliência são necessárias quando você almeja algum resultado que te satisfaça. Não havendo essa perspectiva, torna-se um desperdício de tempo e, portanto, de vida. É um desgaste que não tem sentido. Afinal, uma vida com propósito é aquela em que eu tenho consciência das razões pelas quais faço o que faço, assim como dos motivos pelos quais deixo de fazer o que não faço.

Um indicador que contribui para esse diagnóstico é perceber se aquela atividade me cansa ou me estressa. Se for apenas cansaço, as pausas para o descanso me regeneram. Se a ideia do que faço me estressa, retira de mim a energia vital, me desanima só de pensar, então, trata-se de uma questão estrutural.

É bastante inapropriado, por exemplo, dizer "ainda dá" para uma pessoa com síndrome de *burnout*. Porque ela já atingiu um nível de esgotamento, está na iminência de um colapso. Mesmo que a intenção seja boa, de fortalecer o ânimo, pode-se incorrer num equívoco. Quando a pessoa chega a esse estágio, qualquer passo, por menor que pareça, é extremamente dificultoso. Além disso, proferir frases como "aguenta mais um pouco", "você é forte", é um modo de dizer que, se ela desistir, é fraca. E esse é um estigma que acompanha quem sofre dessa síndrome. A pessoa é vista como incapaz de suportar pressão, sem resiliência, emocionalmente desequilibrada.

Então, existem circunstâncias, entre elas a do *burnout*, em que a noção de "ainda dá" precisa ser mais bem balizada como recomendação, de maneira que não seja ofensiva. É possível usar o "ainda dá" para quem sofre com essa síndrome no sentido de "ainda dá para você recuperar a tua saúde", "ainda dá para você restabelecer a tua harmonia", "ainda dá para você repensar a tua trajetória daqui para a frente". Se a pessoa foi consumida por uma determinada circunstância, cessada essa circunstância e feita a terapêutica adequada, decerto ainda dá para começar uma nova etapa na vida.

A partir dessa constatação, eu preciso procurar outro caminho, porque persistir naquilo que é equivocado não vai corrigir o equívoco. Não é o caso de mais um "ainda dá", porque há momentos em que realmente não dá mais.

Esse é um dos modos de acreditar na máxima recebida pelo médium Francisco do Espírito Santo (de autoria muitas vezes atribuída a Chico Xavier), que diz que "embora ninguém possa voltar atrás e fazer um novo começo, qualquer um pode começar agora a fazer um novo fim".

CAPÍTULO 12

Deu certo! E agora? Não deu certo! E agora?

"Vida, minha vida/ Olha o que é que eu fiz"
(Chico Buarque, "*Vida*")

Achei que dava e realmente deu certo. Consegui o meu intento. E agora?

Existem pessoas que, passada a euforia de uma conquista, experimentam uma sensação de vazio. Especialmente após terem êxito em uma empreitada que demandou esforço intenso ou que carregava o risco de não se realizar. Elas não veem mais graça em desafios menores ou em voltar a uma condição mais cotidiana.

Um sentimento semelhante ao que expressa o compositor baiano Raul Seixas (1945-1989), na sua música "Ouro de tolo": "Eu devia estar contente/ Por ter conseguido tudo o que quis/ Mas eu confesso, abestalhado/ Que estou decepcionado".

A forma de se relacionar com aquilo que é considerado sucesso pelo senso comum carrega uma série de nuances. Em alguns casos, é mais complexa do que assimilar um fracasso. Se o insucesso for visto como oportunidade de aprendizado e aperfeiçoamento, a atitude mais saudável é reerguer-se e seguir em frente.

Mas essa relação depende muito da visão que se tenha de sucesso. Há pessoas que confundem sucesso com notoriedade. A busca é mais por serem famosas do que relevantes ou contributivas. Outras se importam menos com visibilidade, pois têm consciência do valor daquilo que fazem. Sucesso, por esse ponto de vista, vem da satisfação de ter feito algo com maestria, mesmo que não apareça tanto. Já outro tipo de pessoa se orienta apenas pelo resultado, menosprezando o processo. A seleção brasileira que jogou a Copa do Mundo de 1982 fracassou? Para quem é resultadista, sim. Para quem aprecia o futebol bem jogado, aquele é um time memorável.

Entre as ciladas que o sucesso pode trazer está a acomodação. Atingir o objetivo leva muitas pessoas a repousarem sobre a conquista. Em ambientes competitivos, essa atitude pode cobrar um preço alto, pois os concorrentes continuam mobilizados e desenvolvendo competências. Outra cilada é a da mediocridade. A pessoa consegue seu intento e depois passa a fazer mais do mesmo ou a achar que tudo o que faz está ótimo, porque teve aceitação anteriormente. Esse é um grande passo para cair na mediocridade.

O sucesso deve ser celebrado, especialmente quando resulta de um esforço honroso em tê-lo conseguido. Vale curtir a glória, mas sem perder a perspectiva de que ela é momentânea. Nada indica que o êxito vai se repetir na empreitada seguinte. O livro mais desafiador para um escritor costuma ser o segundo. Porque, mesmo que o primeiro tenha virado *best-seller*, pode ter resultado de uma conjunção de acasos favoráveis. Esse é um fenômeno relativamente comum na indústria da música. Há até a expressão em inglês "*one hit wonder*" para artistas que explodem na parada e depois não conseguem emplacar outro sucesso.

As pessoas que se sentem desmotivadas após conquistarem grandes feitos talvez devessem refletir sobre qual a razão de se fazer algo. Nos anos 1980, no auge do modelo *yuppie* (corruptela de *young urban professional*, que designava jovens executivos ambiciosos), o parâmetro de sucesso era o primeiro milhão de dólares amealhado. O que vem depois? Dois milhões, três milhões? Essa elevação da barra é uma possibilidade. Outra é atingir um milhão e estabelecer como próxima meta a fundação de uma associação de apoio a crianças em situação de vulnerabilidade social. Não há uma única maneira nem uma única coisa a fazer na sequência de uma conquista.

O criador da Microsoft, Bill Gates, é frequentador das listas de homens mais ricos do mundo. Em 2000, com a esposa Melinda, ergueu uma fundação que leva o nome do casal e se dedica a melhorar a condição de vida de pessoas, com ênfase no combate à pobreza e no incentivo para avanços na área da saúde. A entidade já destinou cerca de 4,5 bilhões de dólares para o combate de doenças como tuberculose, malária e Aids. Alguns poderiam dizer: "Doou porque tem". Temos de lembrar: mas doou! Tem gente que tem de sobra e não doa.

A pessoa que consegue chegar ao ponto máximo em sua trajetória tem um desafio que é, se desejar, construir um outro ponto máximo, que não pode ser o mesmo ou um ponto acima, porque, a depender da situação, não há mais. Se ela insistir nessa perspectiva, é enorme a chance de cair no vazio.

Eu, Cortella, fiz carreira acadêmica, cheguei a professor-titular de uma universidade. O que tem depois de professor-titular? Não tem. Significa que encerrei a minha trajetória profissional? Não. A minha carreira não era só verticalizada. A minha noção de carreira também é horizontalizada. É como uma árvore, com galhos que crescem em várias direções. Ao chegar à condição de professor-titular, eu procurei oportunidades de publicar outros livros, de ter uma participação mais ativa na mídia, de fazer palestras. Então, eu não cheguei ao fim, cheguei ao topo de um dos modos da carreira. Havia toda uma ramificação de projetos possíveis não atrelados diretamente ao mundo acadêmico. Ser professor-titular de uma universidade foi honroso, resultado de dedicação, de concurso, de produção de material, de ser avaliado por bancas. Mas não era o último lugar, era o último passo num dos caminhos possíveis.

Isso vale para outras situações. Como a "síndrome do ninho vazio", quando os filhos vão embora de casa. Muitos casais se questionam: "O que vamos fazer só nós dois aqui?". Podem ficar em modo enfadonho ou melancólico, olhando os cômodos vazios. Mas podem também, liberados das responsabilidades em relação aos filhos, se matricular em um curso de dança de salão, dedicar-se a alguma forma de arte, destinar algum tempo a trabalhos voluntários, participar mais ativamente de ações para melhorar a região em que vivem.

Com imaginação e disposição, ainda dá para fazer muito em um mundo onde há muito por fazer.

Porém, temos que nos lembrar de um necessário "ainda dá", que é também usarmos a nossa energia e inteligência individuais para a obra coletiva mais relevante: o cuidado com a Vida!

Lucrécio (ca. 94 a.C.-50 a.C.), pensador latino, escreveu: "A ninguém foi dada a posse da vida, a todos foi dado o usufruto". Sabemos: esse usufruto é comum e temos de participar ativa e conscientemente do "ainda não deu, mas dará" coletivo.

Como dissemos desde o começo, o "ainda dá" é uma força intrínseca de cada indivíduo. Entretanto, existem muitos desafios que requerem uma conjunção de vários "ainda dá" em relação a este condomínio que habitamos.

Falamos em diversas situações que é preciso olhar para a frente, pois é no futuro que está a meta a ser conquistada, a linha de chegada do que projetamos. Porém, é no futuro também que se anunciam desafios de vulto, com os quais devemos nos preocupar e agir desde agora, porque envolvem as futuras gerações.

Atualmente somos cerca de 7,2 bilhões de habitantes na Terra. No início da Revolução Industrial, no século XIX, nossa espécie tinha por volta de 1 bilhão de indivíduos. As estimativas dão conta de que fecharemos o século XXI com uma população entre 9 bilhões e 10 bilhões, embora algumas projeções cheguem a apontar 12 bilhões em 2100.

Mais gente demanda mais recursos. Estima-se que de 3 bilhões a 4 bilhões de pessoas sejam inseridas no mercado de consumo nos próximos vinte anos. O fato de mais pessoas no mundo terem acesso a bens é, em si, uma boa notícia. A questão é que diversos estudos apontam que não haverá recursos suficientes para atender as necessidades humanas.

Por isso, será preciso, cada vez mais, consumirmos de modo consciente. Significa consumir menos? Em relação a alguns itens, sim. Mas, no âmbito geral, implica consumir de modo diferente. Estudos dão conta de que serão necessários de quatro e meio a seis planetas Terra para atender um contingente com esses novos consumidores em duas décadas.

Esses números gigantescos parecem minimizar a importância do impacto que cada indivíduo produz no quadro geral. "Ah, eu sou só um em meio a bilhões de pessoas." Mas o raciocínio deve ser feito justamente pela via inversa, pois é a soma das ações individuais que afeta o coletivo. Imagine o impacto se cada um dos 12 milhões de habitantes da cidade de São Paulo, por exemplo, jogar um papel na rua por dia. Ou se cada paulistano resolver ficar diariamente uma hora debaixo do chuveiro.

Contribuir para a solução, portanto, se faz também pelos pequenos gestos. De que modo? Preferir o uso de energias renováveis, economizar água e energia elétrica, fazer pequenos percursos a pé, reduzir o desperdício de alimentos. E, sobretudo, se questionar a respeito de hábitos de consumo. Será que é preciso trocar de celular só porque outro modelo foi lançado e o seu colega de trabalho já o adquiriu? Você realmente se sente inferiorizado pelo fato de o seu vizinho ter um carro mais novo que o seu?

A nossa espécie, além de usar os recursos como se não houvesse amanhã (e, pelo andar da carruagem, pode ser que não haja mesmo), ainda os utiliza mal. Só para dar um exemplo, um estudo das Nações Unidas aponta 2 bilhões de pessoas adultas com excesso de peso ou obesas, ao passo que outros 2 bilhões de seres humanos têm deficiências nutricionais, e 815 milhões passam fome. Esse é um fracasso sobretudo no campo ético. Nós esquecemos um princípio básico de convivência: ser humano é ser junto.

Em relação à utilização de recursos, não podemos ser arrogantes a ponto de supor que o planeta é nossa propriedade e, portanto, podemos fazer o que bem entendermos. Somos usuários compartilhantes tanto em relação aos da nossa espécie quanto no que diz respeito aos outros 8,7 bilhões de espécies de seres vivos. Cada vez que alteramos o equilíbrio ecológico do nosso planeta, nós somos afetados. Pode não ser de imediato, mas uma hora o efeito desse desequilíbrio se fará notar de modo mais contundente.

A interdependência entre os seres é um princípio básico da existência. Não podemos pensar somente na nossa demanda mais premente e, para isso, exaurir solos, queimar florestas, extinguir outros animais, poluir a atmosfera e contaminar as águas.

O planeta é a nossa casa. O fato de termos as nossas necessidades individuais não implica, de modo algum, agir de modo egoísta. Vale ressalvar que individualidade não é sinônimo de egoísmo. Individualidade tem a ver com a proteção da nossa identidade e da nossa autonomia. Egoísta é aquele que considera que tudo gira em torno de si e que as suas necessidades são prioritárias em detrimento das outras pessoas. É nesse tipo de mentalidade que se origina a atitude predatória.

Se quisermos ir em frente na luta pela sustentabilidade, precisamos mudar esse tipo de orientação. Só assim será possível assegurar um nível de bem-estar coletivo para as próximas gerações.

No nosso cotidiano, alguns comportamentos já indicam uma interpretação do mundo mais coletivista, mais gregária. Na economia do dia a dia, é possível notar sintomas da mudança de mentalidade. Os espaços de *coworking*, por exemplo. O modelo de *crowdsourcing*, que se baseia em conhecimentos coletivos agregados com a finalidade de desenvolver soluções, as quais podem gerar novos produtos e serviços. Atividades artísticas são viabilizadas por financiamento coletivo, o chamado *crowdfunding*. Aliás, essas obras podem ser de coletivos artísticos.

Assim como o uso das coisas vai sendo gradualmente alterado. Por exemplo, pessoas que passaram a utilizar um sistema de compartilhamento de veículos ou mesmo os aplicativos de mobilidade e abriram mão da posse exclusiva de um automóvel. Em alguns condomínios e edifícios existem as bicicletas de uso compartilhado, as lavanderias coletivas, entre outros itens de uso comunitário.

A junção de coletividades é algo cada vez mais frequente. Em São Paulo, por exemplo, há grupos de consumo responsável que operam de maneiras variadas. Dentre eles, moradores de condomínios diferentes que se reúnem para receber alimentos orgânicos cultivados por cooperativas agrícolas ou por associações de produtores adeptos da agricultura ecológica. Esses grupos se formam para organizar a logística e a distribuição dos produtos, da lavoura até os apartamentos e casas.

Se quisermos que ainda dê pé para as futuras gerações, será fundamental nos pautarmos por ações coletivas que busquem a equidade.

Os desafios são consideráveis. Sofremos reveses, enfrentamos contratempos, amargamos frustrações. Se algo não saiu como imaginávamos, nos sentimos derrotados. Faz parte. Só não podemos sofrer uma segunda derrota na sequência, que é a de achar que "não dá mais".

A derrota pela circunstância é algo que acontece na vida. Mas a derrota da esperança nós não podemos admitir.

Ainda dá!

**Acreditamos
nos livros**

Este livro foi composto em Adobe Garamond
Pro e impresso pela Geográfica para a Editora
Planeta do Brasil em maio de 2021.